Ulrike Strätling

Ein Grund morgens aufzustehen

Joy Edition
BUCHVERLAG and more

Ulrike Strätling

Ein Grund morgens aufzustehen

Geschichten zum Vorlesen in der Seniorenrunde

Impressum

Autorin
Ulrike Strätling

Verlag
Joy Edition – Buchverlag
D-71296 Heimsheim, www.joyedition.de

Druck
Bookpress, Polen

2. Auflage Dezember 2024

ISBN 978-3-945833-54-4

Inhalt

Vorwort

Mit Geschichten Erinnerungen wecken ...

als meine an Demenz erkrankte Mutter bei uns einzog, versuchte ich, sie auf ihrem Weg menschenwürdig zu begleiten. Ich ließ sie am alltäglichen Leben teilhaben und gab ihr Gelegenheit, ihren Lieblingsbeschäftigungen nachzugehen. Um sie von Ängsten und Traurigkeit abzulenken, erzählte ich ihr Geschichten. Bald schon merkte ich, dass diese Geschichten mehr waren, als nur eine Beschäftigung. Ich weckte längst vergessene Erinnerungen. Meine Mutter wurde zum Nachdenken, Lachen und Bewegen angeregt. Und das Beste war, sie war glücklich und zufrieden.

Ich setzte die Geschichten als allabendliches Ritual ein. Das gab ihr Halt und Freude. Ich wusste nun, wie ich diese Geschichten aufbauen musste, was sie beinhalten sollten, damit sie mich verstand. Und siehe da, sie verstand und konnte den Geschichten folgen.

Ihr Sprachvermögen und ihre Wahrnehmung waren mehr oder weniger eingeschränkt. Daher schrieb ich Geschichten in Kurzform, die Begebenheiten aus ihr bekannten Situationen enthielten. Mit dem Ergebnis: Aha, das kenne ich. Und das vermittelte ihr ein gutes Selbstwertgefühl. Sie fühlte sich ernst genommen, stolz und dazugehörig.

Ich wusste, dass sie in der Gegenwart lebte, die Zukunft gab es nicht für sie, und die Vergangenheit war schon ziemlich verschwommen. So zauberte ich ihr glückliche Momente, und ihr herzhaftes Lachen war mein Lohn.

Demenzkranken Menschen eine Geschichte vorzulesen ist also nicht nur ein Zeitvertreib, sondern es sind wertvolle Minuten, die dazu beitragen, den Lebensstil so lange wie möglich zu behalten.

Versuchen Sie, durch die Fassade zu schauen, mit der sich der demenzkranke Mensch umgibt. Sie werden merken, dahinter ist ein Mensch, und diesem Menschen steht es zu, als solcher und mit Würde behandelt zu werden.

Ulrike Strätling

Der Bücherwurm

Es begann im Sommer, als Konstantin Schneider seinen letzten Arbeitstag hinter sich gebracht hatte. Er war jetzt Rentner. Konstantin hatte zunächst keinen Plan, wie er seine freie Zeit gestalten sollte. Am liebsten wäre er wieder zur Arbeit marschiert. Doch dann bekam er rein zufällig ein Buch in die Hand. Er fing an, darin zu lesen und hörte erst wieder auf, als er wusste, wer der Mörder war. Es war natürlich der Gärtner. Konstantin hatte die Liebe zur Literatur entdeckt.

Konstantin Schneider war ein kleiner schmucker Mann mit einem witzigen Schnäuzer und klug blickenden blauen Augen. Er lebte alleine. So begann er schon am Morgen zu schmökern. Er las Krimis, Abenteuerbücher, historische Romane, Zukunftsgeschichten und Reiseberichte. Ach ja, und einmal las er sogar ein Kochbuch, weil er gerade nichts anderes hatte.

Einmal in der Woche ging er hinaus an die frische Luft. Dann führte ihn sein Spaziergang, wie kann es auch anders sein, in die Buchhandlung. Zur Freude des Buchhändlers nahm er alles mit, was er bekommen konnte. Eugen Roth, Heinz Erhard, Rosamunde Pilcher, Ostfriesenkrimis und Horrorromane. So verging der Sommer.

Als der Winter ins Land zog, schaffte er sich jede Menge Vorräte an. Tabak für sein Pfeifchen, Bier und Wein, Schokolade und Dosensuppen. Und natürlich viele Bücher. Dann schob er den Riegel an der Haustür zu. Konstantin machte es sich, ganz wie ein Bär, in seiner Höhle gemütlich. Er setzte sich in seinen Ohrensessel. Neben ihm stand ein Tischchen, auf dem alles Wichtige lag. Vor allem Bücher. So begann seine Winterlesezeit. „Mord auf Raten", hieß sein erstes Buch. Eine Frau vergiftet langsam und beharrlich ihren Ehemann.

Konstantin vergaß die Welt und bekam nicht mehr mit, was um ihn herum passierte. Er las oft die ganze Nacht hindurch. Er stand nur noch auf, wenn er zur Toilette musste oder Hunger bekam. Um ihn herum stapelten sich schiefe Büchertürme. Wenn die Nachbarn klopften und nach ihm riefen, sagte er nur: „Ich lebe noch. Im Frühjahr komme ich wieder heraus."

Doch als das Frühjahr kam, hatte er noch fünfundzwanzig ungelesene Bücher. Also verlängerte er seine Winterlesezeit. Doch die Zeit lief schneller als Konstantin lesen konnte. Auf einmal war es schon wieder Sommer.

„Oje", stöhnte er „ich habe es wohl maßlos übertrieben." An einem Freitagnachmittag zog er sich fein an und trat vor die Haustür. Er schnupperte in die Luft hinein und erschrak im gleichen Augenblick. Was war denn hier los? Wo war der Bäcker? Und vor allem, wo war sein Buchladen? Alles sah so anders aus. Neue Häuser, neue Geschäfte, es hatte sich so vieles verändert. Konstantin brauchte eine Weile, um sich zurechtzufinden.

„Bücher hin, Bücher her, so geht es auf keinen Fall weiter. Ich alter Bücherwurm, lasse das Leben unbemerkt an mir vorbeiziehen. Ab sofort alles in Maßen. Gelesen wird nur noch am Abend", schimpfte er mit sich. Ein Buch kann viel geben. Romantik und Abenteuer, uns in eine andere Welt versetzen und die Sorgen vergessen lassen. Doch das wirkliche Leben ersetzt es nicht.

Der Rosengarten

Der Rosengarten hinter unserem Haus war der ganze Stolz meiner Mutter. Jede einzelne Rose hatte einen Namen. Meine Mutter hütete sie allesamt wie einen Schatz. Als ich ein Kind war, glaubte ich, meine Mutter würde die Rosen mehr lieben als mich. Ich war schon manchmal recht eifersüchtig auf die Rosen. Und wenn es mir einmal gelang, heimlich eine Rose abzuschneiden, freute ich mich diebisch. Doch meine Mutter bemerkte es. Ich glaubte, dass sie jeden Tag die Rosen zählte.

Es waren ganz besondere Tage, an denen ich später als junge Frau alleine in den Rosengarten durfte. Ein großer Rosenbogen, der mit gelben Rosen dicht bewachsen war, führte in den Garten hinein. Von einer weißen verschnörkelten Bank aus hatte man einen schönen Blick direkt auf einen Brunnen. Auf dessen Spitze war eine steinerne Rose. Aus der rieselte das Wasser. Wenn alles blühte, war die Luft mit einem betörenden Duft erfüllt. Es schien so, als würden einem die Sinne geraubt.

Ich war zu dieser Zeit in meinen Klavierlehrer verliebt. Meine Mutter schmunzelte und goss liebevoll die

Rosen, wenn ich ihm auf der Bank Gedichte schrieb. Doch dann wurde mein Herz gebrochen. Ich sah meine große Liebe mit einer anderen Frau. Eine, die älter war als ich. Seine Frau. Ich glaubte, mich nie wieder verlieben zu können. Oft flüchtete ich auf die weiße Bank, um nun dramatische Gedichte zu schreiben. Und wieder sah ich meine Mutter schmunzeln.

Ich wurde älter und reifer. Meine Mutter wurde gebrechlicher und brauchte oft meine Hilfe. Sie lehrte mich alles über die Pflege der Rosen. Und ich erfuhr, dass eine Rose sogar meinen Namen trug. Nun saß meine Mutter auf der Bank, und ich goss liebevoll die Rosen. Und ich wünschte mir, dass ich eines Tages einer Rose den Namen meines Kindes geben könnte.

Eines Tages sagte meine Mutter: „Hüte die Rosen wie deinen Augapfel. Sprich mit ihnen, dann blühen sie schöner und wachsen kräftiger. Im Schreibtisch findest du eine Liste mit ihren Namen." Ich rief einen Arzt, weil ich glaubte, dass meine Mutter verwirrt war.

Später saß ich im Rosengarten und wartete auf das, was der Arzt mir zu sagen hatte. Er war jung und gut aussehend. Wilde braune Locken umrahmten sein Gesicht. Seine Haut war leicht gebräunt und er hatte wundervolle Hände. Er strahlte Wärme und Ruhe aus. Als er zu mir kam, fuhr sein Blick tief in mich hinein. Er erklärte mir, dass meine Mutter nur sehr erschöpft sei und dass sie bald gehen müsste, so wie jeder Mensch einmal gehen müsse. Er nahm meine Hand und tröstete mich.

So absurd es auch klingen mag, nun begann die schönste Zeit meines Lebens. Ich pflanzte eine Rose für meine Mutter und freute mich auf jeden neuen Tag. Ich spürte, wie eine große Liebe in mir wuchs, die stärker war als alles andere auf der Welt. Täglich saßen der junge Arzt und ich im Rosengarten. Oft hatte er nicht viel Zeit, aber ich wusste, er kommt am nächsten Tag wieder.

Heute sitzt er auf der Bank und studiert in seinen Büchern. Ich gieße eine neue Rose, die für ein neues Leben steht. Ein Leben, das in mir heranwächst. Unser Kind, nach dem ich die Rose benennen werde. Ich freue mich darauf.

Ein Grund morgens aufzustehen

Robert Schustermann war ein Morgenmuffel. Schon sein ganzes Leben lang war er am Morgen übel gelaunt. Er sprach kein einziges Wort und vergrub sich hinter der Zeitung. Einen schlimmeren Morgenmuffel konnte es kaum geben. Seine Frau Alwine atmete jedes Mal auf, wenn er das Haus verließ, um zur Arbeit zu gehen. Und wenn man denkt, dass es schlimmer nicht werden kann, so kann man sich gewaltig irren. Denn genau ab dem ersten Tag, als Robert in Rente ging, stand er morgens erst gar nicht mehr auf. Er machte keine Anstalten, auch nur ein Bein aus dem Bett zu heben. Er murrte und knurrte und schlief weiter.

Nach vierzehn Tagen fragte Alwine vorsichtig an, ob er nicht langsam mal aufstehen möchte. Inzwischen müsste er doch ausgeschlafen sein und sich an das Rentnerleben gewöhnt haben. Doch Robert rührte sich nicht.

Nach drei Wochen sagte Alwine genervt: „Nun stehe doch endlich mal wieder auf."

„Wozu?", kam es schlaff zurück.

„Es gibt hunderte von guten Gründen“, antwortete Alwine.

„Nenne mir einen“, maulte Robert.

„Du könntest mir beim Gardinenaufhängen behilflich sein.“ Seufzend stand Robert auf. Er wollte eben die Gardinen aufhängen und sich dann wieder ins Bett legen. Alwine gab ihm Anweisungen, wie er die Röllchen in die Schiene zu schieben hatte. Robert schob. Allerdings nur jedes fünfte Röllchen. Erschöpft wollte er von der Leiter steigen. Dabei verlor er das Gleichgewicht. Er hielt sich mit einer Hand an der Gardine fest, mit der anderen ruderte er wie wild durch die Luft. Die Leiter wackelte, Robert verlor seine Standfestigkeit und rutschte ab. Die Gardine riss er mit sich. Alwine war entsetzt und Robert ging wieder ins Bett.

Am nächsten Morgen stand Alwine wieder vor dem Bett. Genervt bat sie Robert erneut, aufzustehen und schlug eine Radtour mit Picknick vor. Das Wetter wäre zu schön, um es zu verschlafen. Robert hatte etliche Einwände. Zu viel Bewegung, zu anstrengend, er könnte kein Fahrrad mehr fahren und das schöne Wetter. All dies sei kein Grund aufzustehen. Doch Alwine schaffte es, ihn aus dem Bett zu locken. Sie erzählte einfach, was der Picknickkorb alles enthielt.

Kurze Zeit später radelten sie los. Robert stöhnte und ächzte beim Fahren. Ein kleiner See war das Ziel. Er lag beschaulich von alten Tannen umrandet still im Sonnenschein. Alwine breitete eine Decke aus und öffnete den Picknickkorb. Sofort sah und roch Robert die vielen Köstlichkeiten.

„Setz dich zu mir auf die Decke, Robert“, bot Alwine einladend an.

„Lieber nicht. Es ist bestimmt unbequem und voller Ameisen. Ich esse im Stehen“, hatte Robert argwöhnisch einzuwenden. Alwine schmunzelte und fing an zu essen. Robert stand und sah zu. Alwine gab ihm nichts ab. Robert lief das Wasser im Mund zusammen. Er gab sich einen Ruck, ließ sich langsam nieder und fand es dann gar nicht so unbequem. Alwine reichte ihm einen Hähnchenschenkel.

Nach dem Essen reckte und streckte er sich und legte sich lang auf die Decke. Verträumt sah er in den strahlend blauen Himmel.

„Schön. Es gefällt mir hier. Radfahren ist gut für den Körper. Das Essen war lecker, ich fühle mich wohl, wie seit langem nicht mehr. Ich glaube, das ist ein guter Grund morgens aufzustehen“, sagte Robert und meinte es ehrlich.

Lange lagen die beiden noch auf der Decke in der warmen Sonne und hielten sich an den Händen. Gemeinsam schauten sie in den Himmel und freuten sich auf die viele Zeit, die sie nun gemeinsam verbringen wollten.

Einen schönen Gruß an meinen Schutzengel

Es war einer dieser verflixten Tage, an denen alles schief ging. Gleich morgens in der Früh, als Benno Kampmann sich waschen wollte, floss kein warmes Wasser aus dem Wasserhahn. Und Benno ahnte sofort, dass es nicht bei der einen Panne bleiben würde. Der Tag war noch lang.

Benno war fünfundsechzig Jahre alt und glaubte fest daran, dass jeder Mensch einen Schutzengel hat. Nun aber saß er erst einmal am Frühstückstisch. Er hatte sich mit kaltem Wasser gewaschen und brauchte jetzt dringend eine heiße Tasse Kaffee. Er ließ den Zucker aus dem Streuer einrieseln. Seine Frau Josefine erinnerte Benno an ihren bevorstehenden Hochzeitstag. Sie wünschte sich ein Bild von Benno. Ein selbstgemaltes Bild, denn Benno konnte gut malen. Benno fühlte sich geschmeichelt. In diesem Moment platschte es. Der Deckel des Zuckerstreuers war abgefallen und flog nun, samt dem gesamten Zucker, in die Tasse. Die stand jetzt in einem braunen Fußbad.

„Verflixt, was ist denn heute los. Schläft mein Schutzengel etwa noch?“ Gegen Mittag belud Benno seinen Fahrradkorb mit Malutensilien und radelte hinaus in die Natur. Er kannte da ein hübsches Plätzchen, mit einem kleinen Teich und einer alten Trauerweide. In Gedanken war er schon dabei, dieses Fleckchen Erde zu malen. Da zischte es. Der Vorderreifen verlor seine Luft, und Benno musste das Fahrrad schieben.

Endlich war er am See. Mit dem geübten Auge eines Künstlers suchte er die beste Position. Lichteinfall, Schatten und Lage, alles musste beachtet werden. Als alles so war, wie er es wollte, begann er zu skizzieren. Da platschte es erneut. Nur diesmal war es kein Zucker, sondern ein großer Klecks. Vogeldreck. Das gute weiße Blatt war nicht mehr zu gebrauchen. Vorwurfsvoll schaute Benno in den Himmel und rief: „Hallo Schutzengel, kannst du freundlicherweise mal ein wenig auf mich aufpassen? So wird das nichts mit dem Bild.“ Benno begann erneut zu malen. Er strichelte hier und dort. Die Umrisse der alten Trauerweide entstanden. Dann der Teich mit den schönen Seerosen und etwas Schilf, das am Ufer wuchs.

„Na bitte, es geht doch“, sagte Benno zufrieden. Nun konnte der Farbkasten zum Einsatz kommen. Dazu brauchte Benno Wasser. Er nahm einen Becher und ging zum Ufer. Beugte sich vor, tauchte den

Becher ins Wasser. Schon in diesem Moment merkte er, dass es nicht gut gehen würde. Benno rutschte aus. Es zog ihn hinab, und er versank im Teich. Der schlug Wellen, und Benno war weg.

Natürlich ertrank er nicht, dazu war der kleine Teich zu flach. Benno saß jetzt auf der Wiese, und zwar nur in Unterhose. Alles musste trocknen, auch er. Die Sonne ging schon fast unter, als Benno sein Fahrrad nach Hause schob. Das Bild war fertig, und er war stolz darauf. Seine Frau würde Augen machen. Doch auf seinen Schutzengel war er nicht gut zu sprechen.

„Du hast mich heute ganz schön im Stich gelassen. Doch ich verzeihe dir. Jeder hat mal einen schlechten Tag“, sagte Benno noch bevor er ins Haus ging.

Der alte Kastanienbaum

Gestatten, ich möchte mich gerne vorstellen. Ich bin ein alter Kastanienbaum. Ich sah nicht immer so alt und knochig aus. Die vielen Jahrzehnte haben mich zu dem gemacht, was ich heute bin. Ich habe auch schon so manchen Ast verloren, so wie Sie Ihre Haare. Nur, dass ich keine Glatze bekomme. Als ich noch ein zarter junger Baum war, musste ich bereits lernen, wie ich Wind und Wetter, Hitze und Kälte, Wildschweinen und hungrigen Hirschen trotzen konnte. Ich hatte oft Angst, zum Beispiel, wenn es stürmte und hagelte. Ein Blitzschlag konnte tödlich für mich sein. Die Sommer waren mir am liebsten.

Einmal kam ein Liebespaar und setzte sich unter mein Blätterdach. Der junge Mann schwor seiner Liebsten die ewige Liebe. Sie fassten sich an den Händen und umarmten mich. Das war Balsam für meine hölzerne Seele. Doch plötzlich zückte er ein Messer. Wollte er seiner Liebsten etwas antun? Nein, ihr nicht. Aber mir. Er begann doch tatsächlich, ein Herz in meine Rinde zu schnitzen. Autsch! Das gab eine Narbe. Ich habe es tapfer ertragen. M+H steht seither in dem Herz und mitten durch geht Amors Pfeil. Dann habe ich sie viele Jahre nicht mehr gesehen.

Im Herbst fielen meine braunen Kastanien zu Boden. Dann fürchtete ich mich vor den Wildschweinen. Die haben mir nämlich mal übel mitgespielt. Es war vor vielen Jahren, als eine Gruppe Wildschweine sich langsam näherte. Ich ahnte schon nichts Gutes. Sie gerieten in Streit, weil jeder die besten Kastanien fressen wollte. Ein junger Keiler schnaufte laut und wütend. Dann nahm er Anlauf und kam auf mich zugeschossen. Er rammte mir seine scharfen Eckzähne in den Stamm. Und nicht genug damit, nein, er fing auch noch an, an meinem Stamm Löcher zu buddeln. Man konnte schon einige Wurzeln sehen. Ich brauchte sehr lange, um mich davon zu erholen. Auch das gab Narben.

Jedes Jahr, wenn der Winter sich dem Ende zuneigte, freute ich mich auf den Frühling. Es war göttlich, wenn mein neues frisches Blätterkleid erblühte. Wenn die Vögel in mir nisteten und das Eichhörnchen zum Turnen kamen.

Im letzten Frühling kam eine ältere Dame zu mir. Sie war nicht groß, aber schlank und mit grauen Haaren. Sie schaute sich das geschnitzte Herz lange an und setzte sich dann zu meinen Füßen. Äh, an den Stamm. Dann schlief sie ein.

Wenig später kam ein älterer Mann. Auch er hatte graue Haare und ging ein wenig gebeugt. Er schaute auf die schlafende Frau und dann auf das Herz. Da schlug die Frau die Augen auf.

„Hans? Bist du es?“, fragte sie.

„Maria?“, fragte er. Sie waren es. Das Liebespaar von damals. Hans setzte sich zu Maria, und sie flüsterten sich Dinge zu, die ich leider nicht verstand.

Ja, machen wir uns nichts vor, wir sind alle älter geworden. Doch wenn wir das Beste daraus machen, kann die Zukunft noch sehr lebenswert sein. Also, niemals den Kopf hängen lassen.

Hoppla, ich bin die Tagesoma!

Marga, gerade sechzig Jahre alt geworden, war mit ihrem Leben eigentlich ganz zufrieden. Bis auf eine winzige Kleinigkeit. Es gab eine Spur zu viel Freizeit, mit der sie nichts anfangen konnte. Sie hatte Langeweile.

Doch eines Morgens wendete sich das Blatt schlagartig, als ihr Blick auf eine Anzeige in der Tageszeitung fiel. Groß gedruckt stand dort: Tagesmutter gesucht. Flexibel sollte sie sein. Zwei Kinder wären zu behüten, für zehn Stunden in der Woche. Nun ja, Marga war ja mit ihren sechzig Jahren eher eine Tagesoma als eine Tagesmutter. Doch das störte sie nicht. Sie wollte den Job. Es war genau das Richtige für sie. Sie müsste nur noch die Leute davon überzeugen. Der Vorstellungstermin war schnell gemacht.

Was sollte sie anziehen? Sie wollte einen guten Eindruck machen. Ein Kostüm? Oh Gott, damit sah sie aus wie die Gouvernante Fräulein Rottenmeier, aus dem Film „Heidi“. Viel zu streng. Eine schwarze Hose vielleicht, kombiniert mit einer weißen Bluse?

Nun kam sie sich wie ein Feldwebel vor. Wo ist denn meine Jeans? Aha, da ist sie ja. Ein T-Shirt dazu und fertig.

Auf dem Weg zum Vorstellungstermin übte Marga sich in Gesichtsmimik. Dazu spielte sie die Begrüßung durch und wie sie die beiden Kinder ansprechen wollte. Das muss wohl etwas komisch ausgesehen haben, denn die Menschen, die ihr begegneten, schüttelten allesamt mit dem Kopf. Marga merkte es nicht. Mutig drückte sie den Klingelknopf. Eine junge Frau öffnete. Marga trat lächelnd ein. Doch noch ehe sie etwas sagen konnte, stolperte sie über ein hölzernes Spielzeugauto. Sie verlor das Gleichgewicht und taumelte gegen eine riesige Bodenvase. Die fiel um und zerschellte laut auf dem Fliesenboden. Das war's, da war sich Marga sicher. Die Stelle bekomme ich nie.

„Hoppla, ich bin die Tagesoma", sagte sie beherzt. Die junge Frau lächelte. Sie hatte die Vase nie leiden können. Marga bekam die Stelle und war glücklich. Sie wurde gebraucht und trug Verantwortung. Die Wochen vergingen wie im Flug. Eines schönen Sommernachmittags war sie mit den Kindern im Garten. Plötzlich betrat ein fremder Mann das Grundstück. Marga erschrak und stellte sich schützend vor die Kinder. Sie war bereit, für sie ihr Leben zu geben.

„Opa, Opa", riefen die Kinder. Der Mann lächelte

und kam näher.

„Das sind meine Enkelkinder. Wir haben uns lange nicht gesehen. Ich bin harmlos und keine Eindringling", sagte er. Marga beruhigte sich langsam. Wollte er nun auf die Kinder aufpassen? War sie nun überflüssig? Und verdammt, er sah so gut aus, ein toller Mann. Nein, er wollte kein Tagesopa werden. Er wollte gerne die mutige Marga näher kennenlernen. Marga fühlte sich geschmeichelt. Und so kam es, dass Margas Zeit als Tagesoma nun auch noch durch einen schmucken Mann bereichert wurde. Eine wundervolle Freundschaft entstand zwischen den beiden. Und wer weiß, vielleicht wird eines Tages auch noch mehr daraus.

Ein Koch kommt in die Jahre

Es war einmal ein Koch, der Toni hieß. Er war groß und schlank und sah eigentlich gar nicht wie ein Koch aus. Einen Koch stellt man sich eher mit einem dicken Bauch vor. Toni erlernte einst seinen Beruf von der Pike an. Unter den Augen des strengen Lehrmeisters mussten die Kochlehrlinge die Kartoffeln schälen. Mit einem Küchenmesser, schön dünn und anschließend wurden die Schalen gewogen. Wer die kleinste Grammzahl auf die Waage brachte, erntete ein Lächeln. So mancher Schweißtropfen musste aufgefangen werden, damit er nicht im Topf landete.

Toni war ein Koch aus Leidenschaft. Um die vielen Esser bei Laune zu halten, musste er sich so einiges einfallen lassen. Jahr für Jahr lernte er dazu und wunderte sich, wo plötzlich all die Kräuter wuchsen, mit denen er die Speisen würzen sollte oder an den Fisch und die Pastetchen legen sollte. Er fragte sich, warum nun alles gerollt, bespritzt, gedreht, formiert und gefüllt werden musste, und dann noch möglichst dekorativ auf einem Spiegel angerichtet wurde. Mit

Dips und anderem Schnickschnack. Warum al dente und nicht einfach nur gar? Waren Brunch und Büffets wirklich nötig? Wo war nur die schöne alte Hausmannskost geblieben?

Die Jahre vergingen. Der arme Toni fühlte sich von all der Hektik erdrückt. Oft war er mit den Gedanken nicht mehr bei der Sache. Seine Knochen schmerzten, und der Schweiß lief ihm in Strömen. So geschah es, dass Toni eines Tages für ein Frühstücksbüffet dreihundert Eier aufschlug. Er brauchte für das Rührei allerdings nur dreißig Eier.

Und am gleichen Abend sollte Toni vierzig Schnitzel braten. Doch Toni briet vierhundert Schnitzel. Und statt Gulasch bereitete er Rouladen zu. Die waren zwar lecker, doch hatte sie niemand bestellt. Toni war verzweifelt. Er schaffte seine Arbeit nicht mehr. Die Jungköche machten ihm inzwischen etwas vor. Mit ihren Dampfautomaten, Mixern und Zauberstäben konnte er nicht mehr mithalten. Er sehnte sich nach Ruhe.

So kam es, dass er seiner lieben Frau das Herz ausschüttete. Und Sonja, seine Frau, hatte Verständnis. Toni ging in Frührente. Eines Tages kam ihm eine Idee. Weil er noch nie für seine Frau gekocht hatte, wollte er ab sofort diese ehrenvolle Aufgabe am heimischen Herd, übernehmen. Sonja war einverstanden.

Aus Toni wurde wieder ein Koch aus Leidenschaft. Täglich hing am Kühlschrank eine liebevoll gestaltete Speisekarte. Er ging einkaufen und kochte jeden Tag alles frisch, so wie er es einst gelernt hatte. Er hackte und schälte mit dem Messer. Er schlug die Sahne mit dem Schneebesen steif. Toni war glücklich und Sonja freute sich, dass sie nicht kochen musste. Aber vor allen Dingen freute sie sich, dass Toni wieder glücklich war.

Ein alter Küchenschrank erzählt

Es hatte gerade das Jahr 1924 begonnen, als ich geboren wurde. Oh, Entschuldigung, es muss heißen, geschreinert wurde. Mit allergrößter Sorgfalt und Liebe zum Detail wurde ich, mit herrlichen Schnitzereien auf meiner Vorderseite, geschreinert. Alle bewunderten mich. Ein Wunder, dass sich mein Eichenholz vor Stolz nicht bog.

Ein junges Ehepaar kaufte mich. Die Frau war in guter Hoffnung. Ich kam in eine Wohnküche. Außer mir gab es noch ein Sofa, einen großen Tisch mit vier Stühlen, einen Kohleofen und einen Spültisch. Ach, ja und eine Wanduhr. Das Geticke war nervig. Als ich eingeräumt war, begann mein Dienst. Es war ganz schön anstrengend. Türen auf, Türen zu. Unentwegt war ich am Klappern. Die Hausfrau dekorierte mich mit einem Spitzendeckchen und einmal in der Woche wurde ich poliert. Ich liebte es.

Eines Tages lag die Hausfrau auf dem Sofa und stöhnte. Der Hausherr war weiß wie Milch. Das Baby wollte auf die Welt. Eine Hebamme kam und brachte das Baby zur Welt. Es war ein Mädchen. Und als das kleine Mädchen ein Jahr alt wurde, gab es in der Küche ein großes Kaffeetrinken. Auf meiner Anrichtefläche stand eine brennende Kerze. Der Kerzenrauch kokelte mich langsam voll. Mir wurde schwarz vor Augen und ich begann zu stinken. Gott sei Dank bemerkte es der Hausherr, in allerletzter Minute. Doch ich war mit zwei schwarzen Stellen für den Rest meines Lebens gebrandmarkt.

Einen Wellensittich gab es auch ein paar Jahre lang. Es war ein niedlicher Kerl. Doch er machte meinen Kopf zu seinem Lieblingsplatz und hinterließ dort seine Häufchen. Als ich etwa fünfzig Jahre alt war, zog der Holzwurm bei mir ein. Das kribbelte und kitzelte. Nach sechzig Jahren kam ich in den Keller und wurde mit Einmachgläsern gefüllt. Ich sah kein Tageslicht mehr, nur noch Spinnen und Mäuse. Aber ich gab die Hoffnung nicht auf.

Etliche Jahre vergingen, und ich staubte immer mehr zu. Doch eines Tages ging die Kellertür auf, und zwei starke Männer trugen mich hinaus. Ich kam in einen LKW, und ehe ich mich versah, stand ich wieder in einer Küche. Oh Gott, muss ich lange versteckt gewesen sein. Ich stand in einer Küche, in der ich nichts wiedererkannte. Es gab einen Elektroherd, Einbauschränke, eine Waschmaschine und so ein Ding, das sie Spülmaschine nannten. Es gab eine Katze, die mich beschnüffelte, und es gab eine Hausfrau, die mich polierte. Das tat so gut. Ich bekam wieder ein Spitzendeckchen, auf dem ein schicker Marmeladentopf stand. Erneut wurde ich bewundert. Ich fühlte mich wunderbar. Das lag wohl auch daran, dass ich wieder gebraucht wurde.

Heute stehe ich immer noch in dieser Küche und beherberge das Geschirr. Wie lange das so bleibt? Das weiß ich nicht. Aber Brennholz wird wohl niemand aus mir machen, denn heute gibt es einen Elektroherd und eine Heizung. Also sehe ich positiv in die Zukunft, und alles andere will ich gar nicht wissen.

Der Lottogewinn

Rudolf, genannt Rudi, hatte im Lotto gewonnen. Keinen Millionengewinn, aber dennoch genug, um sich das Leben versüßen zu können. Der Scheck war bereits angekommen. Er ließ ihn nicht mehr aus den Augen. Er nahm ihn sogar mit zur Toilette. Gleich morgen wollte er zur Bank.

Doch vorher wollte er mal gründlich aufräumen. „Raus mit dem alte Krempel. Ich brauche freie Schränke. Es ist Zeit für einen Neuanfang", rief er beschwingt. Umgehend holte er sich etliche Müllsäcke aus der Küche. Rudi öffnete alle Schranktüren und die Schubladen seines Schreibtisches. Er küsste noch einmal seinen Scheck und legte ihn auf den Schreibtisch.

Die Müllsäcke füllten sich zusehends. Rudi überlegte nicht lange und schmiss weg, was er in die Finger bekam. Ausgediente Kugelschreiber, abgenutzte Radiergummis, Papierchen für Papierchen und viele andere Dinge wanderten in die Müllsäcke. Und die übergab er sofort den Mülltonnen. Was weg war, war weg. Dabei träumte er von seinem großen Gewinn.

Und von Frauen, denen er an einem schönen Sandstrand eisgekühlte Drinks spendierte.

Die Strafe folgte auf den Fuß. Kurze Zeit später suchte Rudi seinen Scheck. Er suchte, bis ihm der Schweiß ausbrach und ihm ganz schwindelig wurde. Da schwante ihm etwas. Hatte er den Scheck mit entsorgt? Sofort rannte er zu den Mülltonnen. Doch, oh Schreck, die waren bereits geleert. So wie er war, im Morgenmantel und in ausgelatschten Hausschuhen, stieg er in sein Auto und fuhr los. Auf der Mülldeponie traf er auf das Müllauto und sah gerade noch, wie der Inhalt entleert wurde. Jetzt stand Rudi vor einem riesigen Müllberg. Er wurde natürlich gefragt, was er dort wolle. Rudi erklärte alles, und viele der Müllmänner hatten Mitleid mit Rudi. Der kroch nämlich schon auf allen vieren umher und durchsuchte den Müllberg. Klebriges Butterbrotpapier hing an seinen Ärmeln. Einige Müllmänner halfen mit.

Rudi wühlte sich durch Zeitungen, Briefe und Rechnungen, durch Pappe, Kataloge, Windeln und Kotelettknochen, und jede Menge anderer diversen Abfälle. Doch ohne Erfolg. Aber er durfte am nächsten Tag wiederkommen. Doch Rudis Hoffnung war nur noch sehr klein. Am nächsten Tag half ihm niemand mehr. Doch Rudi wühlte und suchte bis zum Abend den ganzen Berg durch. Doch wieder ohne Erfolg. Der Scheck war nicht zu finden.

Am Abend fuhr er traurig heim. Der Traum von einem Neuanfang mit viel Geld war geplatzt. Keine Reise zu einem sonnigen Strand. Keine schönen Frauen, denen er einen eisgekühlten Drink spendieren konnte. Kein zuckersüßes Leben in Saus und Braus. Rudi wurde nachdenklich. Seine Stirn war in Falten gelegt. Was hätte ihm schon das Geld gebracht? Vielleicht ein paar schöne Monate und dann wäre wieder alles beim Alten gewesen.

Er seufzte: „Wer weiß, was aus mir geworden wäre. Ein Neuanfang lohnt sich immer, auch ohne zusätzliches Geld. Es kommt nur auf meinen Willen und meine Einstellung zum Leben an. Und ich will leben. Mit allen Sinnen und viel Liebe."

Rudi ging schlafen. Sein Schlaf war ruhig und erholsam.

Ein Ohrensessel erzählt

Es war einmal ein Ohrensessel. So ein Quatsch, mich gibt es ja noch. Ich fange mal anders an. Ich bin ein Ohrensessel, der vor vielen Jahrzehnten hergestellt wurde. Meine Lehnen und Füße waren schön geschnitzt, ich war gut gepolstert und mit einem geblümten Stoff bezogen. Es kleidete mich ausgezeichnet. Eigentlich bin ich eine Ohrensesselin, aber das sagt man ja nicht. Schade eigentlich, oder?

Ich möchte gerne etwas aus meinem Leben erzählen. Also zunächst kam ich in ein Schaufenster. Von dort sah ich auf die Straße. Schmucke Pferdekutschen rollten vorbei. Elegante Damen flanierten mit ihren Sonnenschirmen an mir vorbei. Manche blieben stehen, um mich zu bewundern. Doch es dauerte nicht lange, und ich wurde gekauft.

Ich kam in ein Wohnzimmer, direkt neben den Kamin. An kühlen Abenden flackerte das Feuer im Kamin, und der Hausherr nahm in mir Platz. Er rauchte dann ein Pfeifchen und las die Zeitung. Den Pfeifenqualm blies er mir in die Ohren, und die vergilbten langsam. Das fand ich gar nicht lustig. An den

Vormittagen ruhte sich schon mal die Hausfrau in mir aus. Oft stickte sie dabei an einem Deckchen. Ich genoss die ruhigen Stunden.

Doch es ging nicht immer so weiter. Nach zwanzig Jahren Wohnzimmerleben schleppte man mich in ein Fotografierzimmer. Der Hausherr pflegte es „Atelier" zu nennen. Dort standen viele Lampen und ein Monstrum von Kasten, das er Fotoapparat nannte. Nun wurde es turbulent. Ständig nahmen Menschen auf mir Platz. Sie posierten, lächelten, und der Hausherr machte ein Bild von ihnen. Ich fühlte mich wie eine Filmdiva. Doch ich musste auch einiges aushalten. Quengelige Kinder, ein Baby machte Pipi auf mein Polster, zickige junge Damen und Parfümwolken. Und so manchen Pups. Ja, Sie haben richtig gehört. Oft entfuhr den Herren vor lauter Aufregung Luft aus dem Hinterteil. Puh!

Eines Tages nahm ein ziemlich dicker Mann auf mir Platz. Ich ächzte und stöhnte unter seinem Gewicht. Der Mann schwitzte und keuchte und glänzte wie eine Speckschwarte. Dann brach ein Bein von mir, und er stürzte zu Boden. Ich war leider nicht mehr die Kräftigste. Nun befürchtete ich das Schlimmste. So war ich jedenfalls nicht mehr zu gebrauchen. Ich hatte ausgedient. Der Hausherr ließ mich abholen. Ein neuer Sessel hatte mich ersetzt. Ich fiel vor Schreck in Ohnmacht.

Sanfte Berührungen ließen mich wieder aufwachen. Jemand streichelte mich. Vorsichtig schaute ich mich um. Träumte ich? Ich blickte in ein freundlich lächelndes Gesicht. Hoffnung keimte in mir auf.

Vier Wochen später erstrahlte ich in neuem Glanz. Geleimt und neu gepolstert und mit einem frischen Kleid bezogen zog ich wieder in ein Wohnzimmer ein. Nun sehe ich noch viel schöner aus und kann mein Glück kaum fassen. Frisch herausgeputzt beginne ich nun ein neues Leben. Ich bin offen für alles und sehr gespannt auf die bevorstehende Zeit. Man soll niemals die Hoffnung aufgeben. Wenn sich eine Tür schließt, öffnet sich eine neue.

Ein Oldtimer, Tango und die große Liebe

Jakob hatte sich fein herausgeputzt. Der rüstige Rentner trug seinen besten Anzug. Eine weinrote Fliege zierte den weißen Hemdkragen. Der Schnäuzer war frisch gestutzt, die schwarzen Schuhe glänzten, als er zum Tangokursus fuhr. Tango war seine große Leidenschaft. Wie immer ließ Jakob zunächst den Blick über die Damen schweifen. Oh, eine neue Dame war dabei. In einem eleganten gelben Kostüm. Fasziniert sah er die Dame an. Sie gefiel ihm. Er wollte sie unbedingt zum ersten Tanz auffordern. Er konnte es kaum abwarten.

Wenige Augenblicke später war es so weit. Jakob stürzte los. Doch seine glatten Lederschuhe machten ihm einen Strich durch die Rechnung. Er rutschte und hatte große Mühe, das Gleichgewicht zu halten. Er verlor den Halt und rutschte auf den Knien zu der Dame im gelben Kostüm. Das war ein Grund für die anderen, in gellendes Gelächter auszubrechen. Doch Jakob stand auf und verbeugte sich höflich. Die Dame nahm die Tanzaufforderung an. Sie hieß Irene. Nun schwebte Jakob auf einer Wolke. Amors Pfeil hatte ihn getroffen. Am Ende des Abends nahm er all seinen Mut zusammen und bat Irene um ein Rendezvous.

Jakob besaß einen Oldtimer. Ein richtiges altes Schmuckstück. Doch das Auto stand schon sehr lange in der Garage und war verstaubt. Außerdem wackelte der Auspuff. Jakob bekam Lust, es wieder auf Vordermann zu bringen. Er wollte mit Irene gerne eine kleine Spritztour machen. Er legte sich unter das Auto, um den Auspuff zu befestigen. Da stach sie zu, die Hexe. Jakob konnte sich kaum noch bewegen. Autsch, so ein Hexenschuss hat es in sich. Stöhnend ging er zum Arzt. Dank einer Spritze und ein paar Schmerztabletten war Jakob bald wieder fit.

Es war ein wunderschöner Sommertag. Die Sonne strahlte am wolkenlosen Himmel. Der Oldtimer funkelte in der Sonne, als er vor Irene anhielt. Irene jubelte, als sie das Auto sah und setzte sich hinein. Dann ging es hinaus, raus aus dem Stadttrubel. Vorbei an Feldern, Pferdekoppeln und Weiden mit Kühen darauf. Ein Bussard kreiste am Himmel. Er spähte nach Beute aus. Da hielt Jakob plötzlich an. Er stieg aus, ging um das Auto herum und öffnete galant die Beifahrertür.

„Darf ich bitten“, sagte er und verbeugte sich dabei. Verdutzt meinte Irene: „Wie hier? Und ohne Musik?“ Jakob lächelte.

Zärtlich sagte er: „Die Musik liegt in der Luft. Man muss nur genau hinhören. Hörst du, wie die Geigen klingen? Die Trommeln und Trompeten spielen? Die Triangeln und Klarinetten ertönen? Die Flöten und die Harfen lieblich spielen? Hörst du den Tango?“

„Ja, ich höre es“, hauchte Irene.

Irene und Jakob nahmen Tanzhaltung an. Zärtlich legte Jakob seinen Arm um Irenes Taille und ihre Hände fassten ineinander. Dann führte Jakob Irene im Tangoschritt hinaus auf die Wiese. Die Sonne lachte und der Himmel hing voller Geigen. Und sie tanzten und tanzten und tanzten.

Das Baumhaus

Als Walter ein Kind war, hatte er sich immer ein Baumhaus gewünscht. Er musste sein Zimmer mit vier Brüdern teilen. Nie konnte er in Ruhe ein Buch lesen. Und so träumte er immer von einem kleinen eigenen Reich, in dem er der König war, einem Baumhaus. Aber sein Vater hatte nie Zeit dafür gehabt, und so blieb es bei dem Traum.

Später hatte Walter eine Tochter, doch die wollte kein Baumhaus. Die Jahre vergingen. Erst als sein Enkelkind Maik sechs Jahre alt war, bekam er die Gelegenheit, ein Baumhaus zu bauen. Der kleine Maik wünschte sich nämlich ganz doll ein Baumhaus. Doch Walter war nicht mehr der Jüngste. Auch seine Frau hatte so ihre Bedenken. Sie meinte: „Du bist zu alt dafür. Deine Knochen sind schon etwas morsch. Dein Blutdruck wird diese Eskapaden auch nicht gut finden."

Doch Walter ließ sich nicht von seinen Gedanken abbringen und sich nicht beeinflussen. Er zeichnete zunächst einmal ein Baumhaus auf dem Papier. Zwei Tage zeichnete er. Dann zeigte er den Entwurf seiner Frau, und die schlug die Hände über dem Kopf zusammen.

„Das ist doch wohl nicht dein Ernst. Das ist kein Baumhaus, das ist eine Villa“, rief sie entsetzt. Doch Walter ließ sich nicht beirren.

Er fuhr in den Baumarkt und kaufte Holz, Nägel, Leim und Schrauben. Am Samstag kam Maik, um mit seinem Opa das Baumhaus zu bauen. Doch Maik durfte nur die Schrauben und Nägel festhalten. Walter stieg auf die alte Eiche und begann den Boden zu zimmern. Dann folgten die Wände. Und zwar etwas schief. Walter merkte es nicht. Der kleine Maik war ganz still. Ihm gefiel das alles nicht, und es machte ihm auch gar keinen Spaß. Es fing an zu regnen. Walter zimmerte weiter. Der kleine Maik war längst im Haus. Walter stieg die Leiter hinab, um Nägel zu holen. Doch die Leitersprossen waren vom Regen rutschig. So geschah es, dass Walter die Leitersprossen herabrutschte. Er riss sich die Hose auf, schabte sich seine Schienenbeine auf und landete unsanft auf dem Boden. Walter unterdrückte einen Schmerzensschrei.

Vom Bett aus sah er am nächsten Morgen das windschiefe Baumhaus. Oje, er hätte wohl besser die Wasserwaage zu Hilfe genommen. Doch nun war er außer Gefecht, denn er hatte sich einen Knöchel verstaucht. Plötzlich kam der kleine Maik hereingestürzt.

„Opa, Opa, genauso habe ich mir das Baumhaus vorgestellt. Es ist soooo schön. Jetzt brauchen wir nur noch ein Dach und einen Aufstieg.“

„Ja, Maik und das darfst du ganz alleine bauen. Opa ist zu alt dafür. Ich kann dir wohl die Nägel reichen", meinte Walter schmunzelnd. Er war stolz auf seinen Enkel. Walter sah ein, dass er ein wenig falsch geplant hatte. Aber er war auch sehr glücklich, dass seinem Enkelkind das schiefe Baumhaus gefiel. Es schien sogar seine Brust anzuschwellen, so stolz war er. Stolz wie ein Pfau.

Wenn ein Spiegel erzählen könnte

Spieglein, Spieglein an der Wand, golden mein Rahmen und strahlend spiegelnd mein Antlitz. Das bin ich und genauso hing ich an der Wand. Im Zimmer einer jungen Dame. Mein verschnörkelter Rahmen war in liebevoller Handarbeit entstanden. Unzählige Male am Tag hörte ich den Satz: Spieglein, Spieglein an der Wand, wer ist die Schönste im ganzen Land? Ich dachte jedes Mal, ich befinde mich im Märchen von Schneewittchen. Doch im Gegensatz zu dem Spiegel der bösen Stiefmutter konnte ich nicht antworten. Ich dachte mir so meinen Teil, so wie jeder andere Spiegel auch. Und das war auch gut so.

Ich kam als Geburtstagsgeschenk zu Josefine und durfte in ihrem Zimmer hängen. Es kam sehr viel Arbeit auf mich zu. Josefine war außerordentlich eitel. Jeden Morgen erlebte ich die gleiche Prozedur. Zunächst ein unzufriedener Blick und missmutige Worte. Anschließend war ich ihr Schminkspiegel. Wenig später ihr Frisierspiegel. Und wenn sie sich nicht gerade zurechtmachte, putzte und wienerte sie mich, bis ich vor Sauberkeit quietschte.

Zu dieser Zeit waren schöne Hüte groß in Mode. Bunte Hüte, mit und ohne Blumen, große Hüte, Hüte aus Stroh, aus Filz, und so mancher Hut trug sogar Früchte oder Federn. Das war schon verrückt. Ständig probierte Josefine neue Hüte aus. So auch an einem Sonntag. Sie drehte und wendete sich wieder einmal, um den Sitz eines neuen Hutes zu prüfen. Dann fielen Sätze, die sehr entscheidend für mich waren. „Ich brauche einen neuen Spiegel. Dieser hier ist zu klein. Ich sehe mich nicht richtig!“ Kurze Zeit später wurde ich durch einen neuen größeren Kollegen ausgetauscht. Oje, ich sah das Ende meiner Zeit gekommen. Was würde nun mit mir passieren? Endete ich auf dem Müll? Angst stand mir auf dem Spiegel geschrieben. Man nahm mich ab, trug mich fort und... Ich kam in den Hausflur.

Zunächst war ich sehr betrübt darüber. Mit der Zeit aber fand ich diesen Job viel abwechslungsreicher. Nun sah ich viele Gesichter. Pausbäckige und braun gebrannte Gesichter, junge und alte Gesichter, bleiche Gesichter oder bärtige. Alle schauten mal kurz und prüfend in den Spiegel. Zum Beispiel, um den Hut geradezurücken, die Friseur zu richten, Puder oder Lippenstift aufzutragen. Es waren immer nur kurze, aber schöne Momente.

Gesellschaft hatte ich auch. Eine nette Garderobe hing gleich neben mir. Ein Schuhschrank stand links von mir. Ein Schirmständer stand neben der Haustür. Mit dem Schirmständer verstand ich mich nicht so gut. Er war reichlich eingebildet. Dafür war die Hutablage sehr nett. Alles in allem war ich zufrieden.

Nur mit der Zugehfrau hatte ich so meine Probleme. Sie hatte eine unangenehme Angewohnheit. Sie spuckte mich doch tatsächlich an und wischte dann mit dem Lappen darauf herum. Dann hauchte sie mich mit ihrem Atem an und wischte nach. Puh, das war nicht gerade angenehm. Gott sei Dank putzte sie mich nur einmal in der Woche. Es ist wie im wirklichen Leben. Es ist nicht alles Sonnenschein, es gibt auch trübe Momente. Und die gehen auch wieder vorbei. So wie beim Spiegelputzen.

Ein schöner Geburtstag

Hermine Wackernagel liebte es, am Morgen Radio zu hören. Musik zum Tagesbeginn war genau das Richtige. Dazu ein paar Nachrichten, damit man auf dem Laufenden blieb. Hermine lebte alleine und sehr zurückgezogen. Die Kinder hatten nie Zeit. Viele Menschen hatten überhaupt keine Zeit mehr. Alle waren hektisch und hatten immer zu tun. So kam es, dass Hermine an ihrem Geburtstag ganz alleine war. Sie beschloss, in den Garten zu gehen. Das Unkraut wucherte bereits und so einiges musste dringend auf Vordermann gebracht werden.

Es war ein schöner Frühlingstag. Der Apfelbaum stand in voller Blüte und die Bienen summten um die Blüten herum. Hermine kroch auf allen Vieren durch das Gemüsebeet. Hier stand besonders viel Unkraut. Plötzlich hörte sie einen entsetzlichen Schrei. Er kam irgendwie von oben. Aber da waren nur kleine Wölkchen und ein paar Vögel. Nun wimmerte es. Dann plötzlich wieder ein Schrei. „Das kommt doch aus dem Apfelbaum“, sagte Hermine. Sie lief zum Baum. Nun hörte sie ein klägliches, herzzerreißendes

Miauen. Hermine sah den Grund.

„Ach, du Schreck“, rief sie, „wie kommst du denn dahin? Du armes Ding. Kommst du nicht mehr hinunter?“ Lockversuche mit Wurst und Käse halfen dem Kätzchen auch nicht weiter. Es hatte Angst und bewegte sich keinen Zentimeter. Hermine rief die Feuerwehr. Doch dauerte es ihr bis zum Eintreffen der Feuerwehr viel zu lange. Hermine holte eine Leiter. Beherzt stieg sie die Sprossen hoch. Doch die Leiter war zu kurz. Also kletterte Hermine nun auf einen Ast. Und von Ast zu Ast ging es dann immer höher. Übrigens war sie das letzte Mal als Kind auf einen Baum geklettert. Das war gut fünfzig Jahre her.

Endlich hatte Hermine das Kätzchen erreicht. Sie konnte es mühelos fassen. Nun saß sie mit dem Kätzchen im Wipfel fest, denn mit einer Hand konnte sie nicht hinabklettern. Unten am Zaun gab es schon viele schaulustige Nachbarn. Als die Feuerwehr eintraf, waren ihre Beine eingeschlafen. Ein schmunzelnder Feuerwehrmann holte die beiden herab. Doch als sie wieder sicheren Boden unter den Füßen hatte, klatschten alle Beifall. Die Besitzerin des Kätzchens bedankte sich und nahm den kleinen Ausreißer an sich. Der Feuerwehrmann nahm Hermines Personalien auf. Plötzlich rief er: „Die Katzenretterin hat heute Geburtstag!“ Dann verschwanden alle. Hermine war wieder alleine.

Aber nicht lange. Eine Stunde später kamen alle Nachbarn zurück, ein Geburtstagslied singend, mit Kaffee und Kuchen, mit Grillwürstchen und Blumen und sogar Kartoffelsalat. Eine spontane Gartenparty zu Ehren der Katzenretterin war ins Leben gerufen worden. Hermine strahlte vor Glück. So viel Geselligkeit und so viel Zeit hatten ihre Nachbarn für sie. Damit hatte sie nicht gerechnet.

„Das Leben bietet doch noch so manche Überraschung“, sagte sie, „das war ein schöner Geburtstag.“

Einmal die weite Welt sehen

Ich möchte Ihnen heute eine kleine Geschichte aus meinem Leben erzählen. Aus meinem Hundeleben. Ich bin Bobby, ein schöner, aber schon alter Jagdhund. Mein Herrchen ist ein Förster. Als junger Hund war ich sehr temperamentvoll, neugierig und auch frech. Mit Vorliebe buddelte ich große Löcher. Am liebsten im Gemüsebeet. Alles was verboten war, reizte mich. So auch die Pantoffeln meines Herrchens. Die schmeckten gut, und ich zerkaute wenigstens drei Paar davon im Monat.

Das Leben an der Seite eines Försters war schön. Jeden Tag streiften wir durch den Wald. Jedoch eines Tages wollte ich mehr sehen von der weiten Welt. Es zog mich hinaus. Ich wollte Abenteuer erleben. Also büchste ich aus. Ich rannte mit fliegenden Ohren davon. Bald erreichte ich eine Stadt. Bis dahin kannte ich noch keine Städte. Es gab viel Lärm und es stank. Eine Menge Menschen liefen umher, und viele Autos fuhren durch die Straßen. In einem Bahnhof suchte ich Zuflucht.

Schnuppernd hob ich meine Nase in die Luft. Was waren das nur alles für merkwürdige Gerüche? Es roch nach Schweiß und Abfällen, nach Parfüm und Rasierwasser. Plötzlich zog ein Duft unter meiner Nase vorbei, der mir vertraut vorkam. Es war etwas Fressbares. Würstchen. Ich bekam Hunger und lief zu dem Stand. Gierig fraß ich alle Krümel, die heruntergefallen waren. Dann fletschte neben mir jemand mit den Zähnen. Sein drohendes Knurren machte mir Angst. Und als der große struppige Hund mich beißen wollte, rannte ich um mein Leben. Ich flüchtete mich in einen Güterzugwaggon. Hier fand ich mich zwischen gackernden Hühnern wieder. War das die weite Welt? Der Zug fuhr ab.

Als ich wieder herauskam, war ich meilenweit von zu Hause entfernt. Aha, das war also die große weite Welt. Nur war die Welt nicht mehr flach, wie daheim. Es gab Berge, und die waren ziemlich hoch. Ich nahm mir vor, sie später wegzuschieben. Mein Weg führte mich in ein Dorf. Hier bekam ich von netten Menschen Wurst und Knochen. Es gefiel mir dort, und so blieb ich ein paar Wochen. Ich schlief am Waldrand und führte ein herrliches Vagabundenleben. Doch dann bekam ich Heimweh. Und da sich die Berge sowieso nicht wegschieben ließen, beschloss ich, die Heimreise anzutreten. Auf zum Försterhaus. Immer der Nase lang.

Es wurde ein langer und beschwerlicher Weg. Ich bekam wunde Pfoten, hatte oft Hunger und Durst. Abgemagert und zerschunden folgte ich jeden Tag meiner Nase. Ich wollte nach Hause.

Nach zwei Monaten kam ich, dünn bis auf die Rippen, am Försterhaus an. Mit letzter Kraft schleppte ich mich bis zum Gemüsebeet. Dort blieb ich liegen. Zwei endlos lange Stunden später entdeckte mich mein Herrchen. Die Wiedersehensfreude war groß. Ich bekam zu saufen und zu fressen. Liebevoll päppelte mich mein Herrchen wieder auf. Und mir wurde klar, nie wieder wollte ich weglaufen. Denn zu Hause ist es doch am schönsten.

Der Tante-Emma-Laden

Als Paula noch ein Kind war, gab es in der Straße einen Tante-Emma-Laden. Paula ging gerne dort für ihre Mutter einkaufen. Es war ein kleiner Laden mit einer kleinen Theke, an der man Wurst und Käse geschnitten bekam. An den Wänden waren einfache Holzregale. Die waren vollgestopft mit Marmelade, Kaffee, Zwiebeln, frischem Gemüse, Eiern, Mehl und Zucker. Es gab aber auch Nähzeug und Waschpulver, Kernseife und Nivea-Creme. In der Mitte gab es große Bonbongläser auf einem Gestell, gefüllt mit Himbeerbonbons, Kirschlutschern und Karamellbonbons. Und jedes Mal durfte sich Paula etwas aussuchen, weil die Verkäuferin sie so nett fand.

Ja, hier spielte sich das Leben ab. Die Damen erzählten sich den neuesten Klatsch und Tratsch, während die Wurst gewogen wurde, auf einer Waage mit Gewichten. Rezepte und Strickmuster wurden ausgetauscht, und auch schon mal von den eigenen Sorgen erzählt. Große Supermärkte gab es noch nicht. Und niemand dachte im Traum daran, dass es so etwas einmal geben könnte. Im Tante-Emma-Laden ging es unkompliziert und familiär zu.

Doch die Zeiten änderten sich. Schon bald wurde der erste Supermarkt gebaut. Hier war es preiswerter, und die Auswahl war enorm. Und eines Tages war der Tante-Emma-Laden verschwunden. Paula war sehr traurig darüber, bekam sie doch nun keinen Kirschlutscher mehr geschenkt.

Als Paula erwachsen war und nach vielen Jahren wieder einmal durch die Straße lief, blieb sie vor einem Haus stehen. Hier war einst der Tante-Emma-Laden gewesen. Er stand immer noch leer. Das Haus war alt und sah zerfallen aus. Paula versuchte, durch die schmutzigen Scheiben zu sehen. Es sah alles aus wie früher. Sogar die alte Theke stand da noch. Da kam Paula eine Idee. Wie schön wäre es, den guten alten Tante-Emma-Laden wieder aufleben zu lassen.

Paula mietete den Laden und richtete ihn mit viel Liebe ein. Die alte Theke erstrahlte in neuem Glanz, und die Bonbongläser wurden gewaschen, die Regale entstaubt oder erneuert. Eine neue Waage kam auf die Theke und eine elektrische Schneidemaschine. Dann wurden die Regale gefüllt, und alles sah fast wie früher aus. Am Eingang hing ein großes Schild. Paulas Tante-Emma-Laden. Paula übte das verkaufen, das Wurst Schneiden und das Kassieren. Dann öffnete sie den Laden. Ob wohl jemand kommt? Sie hatte schon ein wenig Angst. Aber sie stand bereit.

Wenig später staunte sie nicht schlecht. Sie sah vertraute Gesichter wieder. Es waren ihre Freundinnen von früher, und die brachten nun ihre Kinder mit. Die Wiedersehensfreude war groß. Und sogleich entstand eine vertraute, fast familiäre Stimmung. Es wurde gelacht und geredet. Rezepte wurden ausgetauscht und über den neuesten Klatsch geredet, während Paula die Wurst auf die Waage legte. Die Kinder bekamen einen Kirschlutscher geschenkt. Paula war glücklich. Ein Stückchen von der guten alten Zeit war wieder hergestellt. Und das sollte auch so bleiben.

Die Kartoffeldiät

Der Frühling war ins Land gezogen. Frau Zuckermeier stand vor dem großen Schlafzimmerspiegel und betrachtete sorgenvoll ihren Winterspeck. Der saß auf den Hüften. Nichts von der schönen Frühjahrsgarderobe wollte noch passen. In allem sah sie aus wie eine Wurst in der Pelle. Es mussten dringend drei Kilo runter. Möglichst schnell und ohne zu hungern. Aber wie?

Da fiel Frau Zuckermeier die Kartoffeldiät ein. Eine Freundin hatte fünf Kilo damit abgenommen. Da würde sie doch wohl locker drei Kilo schaffen. Na ja, und Kartoffeln schmecken ja auch nicht schlecht. Man kann eine Menge aus Kartoffeln machen. Gleich Montag wollte sie mit der Kartoffeldiät beginnen.

Am Montagmorgen kaufte sich Frau Zuckermeier einen kleinen Sack Kartoffeln. Mittags kochte sie sich einen Topf voll Kartoffelbrei. Mit Butter und Milch verfeinert. Dazu briet sie sich Speck und Zwiebeln. Mmh, wie das schmeckte. Am Abend aß sie den Rest.

Am Dienstag gab es Pellkartoffeln. Dazu rührte sie sich einen Kräuterquark an. Köstlich! Abend aß sie wieder die Reste.

Am Mittwoch bereitete sie sich einen Kartoffelsalat zu. Mit Mayonnaise, Gurken, Zwiebeln und Eiern. Dazu gab es ein Brühwürstchen. Das hatte bestimmt nicht viele Kalorien. Die Kartoffeldiät gefiel Frau Zuckermeier außerordentlich gut. Sie wurde immer gut satt.

Am Donnerstag kochte sich Frau Zuckermeier Bratkartoffeln. Die aß sie gerne und besonders gerne mit einem Stück Sülze. Herrlich! Diese Diät machte ihr Spaß. Es war auch an diesem Tag noch genügend für den Abend übrig.

Freitag gab es Reibepfannkuchen. Die mussten in reichlich Öl gebacken werden. Frau Zuckermeier aß sie mit Apfelmus, und zwar acht Reibepfannkuchen am Mittag. Am Abend gab es noch mal drei, und Frau Zuckermeier war gut satt.

Am Samstag kochte sie sich Kartoffelknödel. Dazu gab es eine würzige Specksoße. Frau Zuckermeier war zufrieden.

Am Sonntag kochte sie sich Salzkartoffeln. Und weil es Sonntag war, gab es einen Schweinebraten dazu. Am Abend gab es die Reste. Sie war stolz auf sich. Sie hatte die Kartoffeldiät eine ganze Woche geschafft. Gleich Montag wollte sie sich auf die Waage stellen.

Am Montagmorgen stand sie auf der Waage. Doch was war das? Sie hatte nicht ein einziges Gramm abgenommen. Im Gegenteil, sie hatte noch etwas zugenommen. Sie fragte sich, wie das passieren konnte. Ob die Waage kaputt war? Oder hatte sie bei der Diät etwas falsch gemacht?

„Egal, ich fühle mich wohl so“, sagte sie und ging los, um sich neue Frühjahrskleider zu kaufen.

Der Hokuspokus mit dem Horoskop

Wer kennt es nicht, das Horoskop. Alle haben schon mal ihr Horoskop gelesen. Aus reiner Neugier oder weil man gar nicht mehr anders konnte. So wie Luise Engelmann. Sie war Stier und nahm das Horoskop sehr ernst. Jeden Morgen um halb acht gab es ein Tageshoroskop im Fernsehen. Donnerstags war in der Tageszeitung ein Wochenhoroskop. Luise lebte danach. Wenn zum Beispiel im Horoskop stand: Nehmen Sie sich in dieser Woche vor Ihren Mitmenschen in Acht, oder: Eine unangenehme Begegnung steht Ihnen bevor, ging Luise nicht aus dem Haus. Wenn es sein musste, eine ganze Woche lang.

Einmal stand im Wochenhoroskop, dass sie sehr auf ihre Gesundheit achten sollte. Große Spaziergänge wären ideal, um sich fit zu halten. So lief Luise jeden Nachmittag hinaus in den Park. Dann wiederum stand einmal im Horoskop, dass sie sich Zeit für ihre Lieben nehmen sollte. Ja, da lud Luise sich jeden Tag Gäste ins Haus. Alle Freunde, ihre Kinder und die Nachbarn. Alle kamen und aßen sich satt und hatten ihre Freude.

Eines Morgens, um halb acht, sagte die Astrologin im Fernsehen: „Heute ist ein guter Tag für Schnäppchen. Stiere sollten sich nicht diese Gelegenheit entgehen lassen. Die Sterne stehen so bald nicht mehr so günstig." Das freute Luise, und sie fackelte nicht lange. Sie nahm ihr ganzes Geld und marschierte los. Im Eilschritt ging es zum Kaufhaus. Luise wollte kein Schnäppchen verpassen. Sie stürzte sich auf die Wühltische. Sie hielt Ausschau nach Sonderangeboten und eilte von Stand zu Stand. Sie kaufte sich Unterwäsche, Strümpfe, zwei Pullover, drei Röcke, ein Kleid und einen neuen Hut. Ach ja, ein paar Schuhe gab es auch noch günstig. Es waren alles Schnäppchen. Sie brauchte kein schlechtes Gewissen zu haben. Denn schließlich empfohlen es ja auch die Sterne.

Nach zwei Stunden war ihre Geldbörse leer. Luise ging zufrieden nach Hause. Es störte sie nicht, dass sie nun keinen Cent mehr besaß. Das Horoskop wollte es ja so. Und es würde bestimmt auch dafür sorgen, dass sie in den nächsten Tagen wieder Geld bekam. Luise verließ sich ganz auf die Sterne.

Doch nach ein paar Tagen war der Kühlschrank leer. Das letzte Schlückchen Mineralwasser war getrunken, und es gab auch kein einziges Krümelchen Brot mehr. Luise aber hatte Hunger. Und bis zum nächsten Ersten waren es noch vier Tage. So beschloss sie, ihre Freundin um Hilfe zu bitten. Doch die Freundin meinte: „Tut mir leid Luise, das Horoskop sagt, ich soll kein Geld verleihen."

Luise bat ihren Nachbarn um Hilfe. Doch der Nachbar sagte: „Das geht nicht. Mein Horoskop sagt, ich soll meinen Mitmenschen nicht trauen. Sie meinen es gerade nicht gut mit mir." Da ging Luise ein Licht auf. Was war sie nur für ein Esel. Wie konnte sie nur glauben, dass ein Horoskop stimmt und die Tage voraussehen kann. Alles Blödsinn. Sie wollte nie wieder auf irgendein Horoskop hören. Dann lief sie zur Bank, denn dort gab es noch ein Sparbuch mit einem Reservegroschen für den Notfall. Und das war jetzt ein Notfall.

Der Kirmesbesuch

Es war Ostersonntag und die Sonne schien warm. Überall blühte es, der Flieder duftete, Tulpen strahlten in den schönsten Farben. Forsythien leuchteten gelb am Wegesrand. Traudel und Bernie Stiefelknecht waren auf dem Weg zur Kirmes. Sie freuten sich, waren sie doch schon viele Jahre nicht mehr auf der Kirmes gewesen.

Als sie das Kirmesgelände betraten, fühlten sich beide um dreißig Jahre zurückversetzt. Sie schwelgten in Erinnerungen, wie sie als junge Menschen zusammen in der Raupe gefahren waren. Bernie sagte: „Weißt du noch? Als sich das Verdeck der Raupe schloss, habe ich dich zum ersten Mal geküsst."

„Ja, Berni und dann sind wir im Kettenkarussell gefahren und ich habe meinen rechten Schuh verloren", sagte Traudel lachend. Aus allen Ecken erklang Musik. Moderne Musik, die Traudel und Berni nicht kannten. Von überall her roch es nach Bratwurst, gebrannten Mandeln und Reibekuchen. Die Karussells von früher gab es nicht mehr. Neue und größere Fahrgeschäfte luden nun zum Mitfahren ein. Und sie sahen gefährlich aus. Ja, es hatte sich so einiges verändert. Statt Schiffschaukeln, gab es nun ein riesengroßes Schiff, das sich in schwindelerregende Höhen begab. Doch Traudel und Berni hatten Spaß und sahen sich alles an. Dann zog der Duft von Bratfisch in ihre Nasen. Bernie aß einen Bratfisch und Traudel ein Fischbrötchen.

Am nächsten Stand gab es Zuckerwatte. Auch die probierten sie. Ein Stückchen weiter lagen herrliche rote Paradiesäpfel. Auch die wollten gegessen werden. Und dann noch ein Eis. Ein richtiges Kirmeseis, wie früher. Lecker! Zum Schluss gab es noch eine Waffel mit Sahne.

Und dann ging es ins Riesenrad. Traudel und Berni stiegen in die Gondel und schon bald ging die Fahrt los. Immer höher und höher stieg die Gondel. Bald schon sahen die Menschen wie Spielzeugfiguren aus. Oben blieb die Gondel stehen. Ein leichter Wind kam auf, und die Gondel schaukelte. Traudel schloss die Augen, sie wurde ganz weiß um die Nase. Bernie schluckte, ihm war schlecht. Beiden war schlecht. Sehr, sehr schlecht.

Traudel stöhnte. Bernie seufzte: „Der Backfisch, die Zuckerwatte und... Ich will hier raus." Doch das Riesenrad hielt nicht an. Es fuhr noch drei weitere Runden. Doch niemand genoss die schöne Aussicht. Als die beiden endlich wieder festen Boden unter den

Füßen hatten, gingen sie schnurstracks nach Hause. Und zwar auf ziemlich wackeligen Beinen. Zu Hause gab es für den Rest des Tages Kamillentee und Zwieback.

„Das nächste Mal fahren wir erst mit dem Riesenrad. Danach können wir essen. Dann passiert uns das nicht noch einmal“, meinte Bernie. Es ging ihm schon besser.

„Aber wir essen in Maßen. Wir haben ja mächtig übertrieben.“, sagte Traudel.

„Aber schön war es doch“, meinte Berni und lächelte seine Traudel glücklich an.

Ein Schuhanzieher erzählt

Es gibt uns in den verschiedensten Ausführungen. Lang, kurz, einfarbig oder auch bunt und manchmal mit einem Loch zum Aufhängen. Einiges haben wir alle gemeinsam. Wir Schuhanzieher sind schlank, leicht und immer griffbereit. Manche sagen auch Schuhlöffel zu uns.

Wir sind harte Arbeit gewohnt. Es ist nicht immer leicht, einen Fuß in einen Schuh gleiten zu lassen. Vor allem, wenn der Schuh zu eng ist. Ich sage Ihnen, da muss man höllisch aufpassen, dass man nicht zerbricht. So mancher Schuhanzieher hat es nicht überlebt und ist im Mülleimer gelandet.

Ich bin ein roter Schuhanzieher, aus unzerbrechlichem Plastik. Und das ist ein großes Glück für mich, denn sonst hätte ich meinen Job wahrscheinlich nicht überlebt. Ich arbeitete in einem Schuhgeschäft. Von morgens bis abends.

Einmal geriet ich in die Hände eines verwöhnten kleinen Mädchens. Und bei meinem Löffel, ich hatte Angst. Die Kleine schwang mich durch die Luft, als sei ich ein Schwert. Dabei heulte sie: „Bäh, ich mag die Schuhe nicht." Herr Mützelmann, dem ich übrigens gehörte, suchte neue Schuhe. Das Mädchen klopfte in der Zeit mit mir auf den Stühlen herum, gerade so, als sei ich ein Teppichklopfer. Ich war heilfroh, als sie sich für ein paar rosa Schuhe entschied.

Nach kurzer Verschnaufpause kam der nächste Kunde. Ein gut beleibter und ziemlich schwitzender Mann. Er wollte abnehmen und brauchte dringend ein paar gute Laufschuhe. Herr Mützelmann schleppte einen Stapel guter Laufschuhe herbei. Nun musste ich hautnah erleben, wie die stinkigsten Füße der Welt rochen. Die dicke fleischige Ferse mit den qualmenden Socken wollte kaum in den Schuh rutschen. Puh. Ich war so froh, dass er sich gleich für das erste Paar entschied.

Nach der Mittagspause betrat eine elegante Dame das Geschäft. Ich freute mich riesig auf ihre Füße. Sie wünschte Stöckelschuhe anzuprobieren. Sie nahm mich selbst in die Hand. Vorsichtig legte die Dame mich an ihrer rechten Ferse an. Sie hatte Seidenstrümpfe an. Es war ein köstlicher Moment. Ich sah das ganze schöne Bein. Die wohlgeformte Wade. Herrlich. Leider kaufte sie schon das zweite Paar Stöckelschuhe. Es saß perfekt, und die Schuhe standen ihr gut.

Noch am gleichen Tag kam ein Mann mit Riesenfüßen. Es gab nur noch ein Paar Schuhe in seiner

Größe und die waren ziemlich unmodern. Doch das war dem Mann egal. Er probierte sie an, und ich rutschte gleich mit in den Schuh. Das war lustig. Wir lachten darüber. Er nahm die Schuhe.

Glauben Sie mir, das sind die schönen Momente in meinem Leben. Und dann freue ich mich, auf dieser Welt zu sein. Und wenn ich glücklich bin, sind die mühevollen Momente vergessen. Ich freue mich dann auf den nächsten Tag und sage mir: „Ich bin froh, ein Schuhanzieher zu sein."

Der Maskenball

Die närrische Zeit war in vollem Gange. Rosenmontag stand vor der Tür. In der Stadt gab es einen Maskenball. Verkleidung war selbstverständlich, und eine Maske war Pflicht. Die sollte erst um Mitternacht gelüftet werden. Das klang spannend und nach viel Spaß. Christiane Bergmann wollte gerne mit ihrer langjährigen Freundin dorthingehen. Die beiden Damen waren schon über sechzig. Doch das hat in der heutigen Zeit ja keine große Bedeutung mehr. Man ist immer so alt, wie man sich fühlt.

Christiane erfüllte sich einen Kindheitswunsch. Sie verkleidete sich als Pippi Langstrumpf. Christiane gefiel sich, sah man doch unter der vielen Schminke kaum ihre Falten. Die rote Perücke mit den abstehenden Zöpfen verdeckte ihr graues Haar. Und mit den großen Latschen an den Füßen war es recht bequem. Die Freundin ging als Königin, mit einer goldenen Krone und goldenen spitzen Absatzschuhen.

Es gab Erdbeerbowle, Bier und Wein. Alle waren verkleidet und maskiert. Die Band spielte gerade das Lied „Es steht ein Pferd auf dem Flur“, als sie eintrafen. Die Stimmung war prächtig. Mitsingend nahmen sie Platz. Christiane schlürfte gerade von ihrer Erdbeerbowle, als ein Pirat auf sie zukam. Er trug ein rotes Kopftuch und einen großen Säbel an seinem Gürtel. Auch er hatte eine Maske auf. Der Pirat forderte Christiane zum Tanz auf. Christiane ging gerne mit.

„Heidewitzka Herr Kapitän" erklang. Da gab es ein Problem. Christiane trat dem Piraten mit ihren großen Pippi-Langstumpf-Schuhen unentwegt auf die Füße. Oh, war ihr das peinlich. Mit Müh und Not brachte sie den Tanz zu Ende. Doch nur kurze Zeit später erschien der Pirat aufs Neue. „Mer lasse de Dom in Kölle" erklang. Christiane borgte sich die spitzen goldenen Schuhe ihrer Freundin. Die waren zu eng. Nun drückte und zwickte es. Beim zweiten Tanz scheuerte es. Und beim dritten Tanz tat es höllisch weh. Christiane humpelte zu ihrem Platz zurück. So ging das nicht.

Doch der Pirat erkannte das Problem und hatte Verständnis. Er setzte sich zu Christiane. Sie unterhielten sich und tranken gemeinsam Erdbeerbowle. Noch immer hatten alle ihre Masken auf. Christiane fühlte sich wie siebzehn und konnte es kaum erwarten, bis endlich die Masken fielen. Der Pirat war ja so nett.

Mitternacht. Die Band spielte „Der schönste Platz ist immer an der Theke". Dann wurden die Masken abgenommen. „Oh“ und „Ah“, ertönte es. Doch Christiane sagte nichts. Sie bekam nur große Augen. Vor ihr saß ihr Nachbar, mit dem sie bis aufs Blut zerstritten war. Seit Jahren hatten sie kein Wort mehr gewechselt. Damit hatte sie nicht gerechnet.

Da sagte der Pirat, also ihr Nachbar: „Das Leben ist zu kurz, um im Streit zu leben. Streit macht das Leben hässlich. Ich möchte Frieden schließen.“ Damit war auch Christiane einverstanden, und sie erhoben ihre Gläser. Sie stießen an, tranken auf Brüderschaft und gaben sich einen Kuss. Ja, wozu die närrische doch Zeit gut sein kann. Na dann, Prost!

Ich liebe meine Falten

Als Kind kann man nicht schnell genug erwachsen werden. Und ist man erst einmal alt, so denkt man mit Wehmut an die Kindheit zurück. Unweigerlich stellt sich dann die Frage: Wo ist die Zeit geblieben? Und es wird einem bewusst, sie ist viel zu schnell vergangen. Schwupps ist sie weg!

So ging es mir jedenfalls. Ich bin Uschi und ich werde bald achtzig. Mein Gesicht ist von vielen Falten gezeichnet, aber ich bin nicht böse deshalb. Ich sage immer: „Die Falten zieren mich. Sie machen mich interessant. Wer darin lesen kann, der findet viele Geschichten. So viele, dass er sich kein Buch mehr kaufen muss."

Doch nicht alle können das, also in den Falten lesen. Für die meisten, vor allem die Jüngeren, bin ich einfach nur uralt. Keiner würde je darüber nachdenken, wie ich an meine Falten gekommen bin. Das Leben ist nun mal nicht nur ein Zuckerschlecken. Es geht mal auf und mal bergab. Mal ist das Leben schön und dann mal wieder nicht. So kommen dann die Falten. Die Lachfalten und die Kummerfalten. Da kann man gar nichts dagegen machen.

Meine Eltern waren sehr streng gewesen. Früh musste ich schon auf dem elterlichen Hof mitarbeiten, Tiere füttern und die Ernte auf dem Feld einfahren. Bei Sonne und Wind, bei Regen und Hagel. Das war hart, und schon nisteten sich die ersten Falten ein. Ich nenne sie Wetterfalten.

Dann kam der erste Liebeskummer. Ich weinte mir die Seele aus dem Leib, als mich mein Liebster verließ. Das war das Fundament für mindestens zwei Kummerfalten. Auch hätte ich gerne eine Schneiderlehre gemacht. Aber das Geld war knapp, und ich musste weiter auf dem Hof arbeiten. Das gab die nächsten Falten. Ich nenne sie Traurigkeitsfalten. Davon gab es im Laufe des Lebens noch eine ganze Menge. Als die Großeltern starben, als meine Mutter krank wurde, und später brachten die eigenen Kinder Sorgen.

Als ich meinen Mann kennenlernte, gab es viele Lachfalten. Er war ein so humorvoller Mann. Er brachte mich ständig zum Lachen. Deshalb habe ich wenigstens hundert Lachfalten. Die sind mir die liebsten, denn das Leben war schön mit ihm.

Als ich dreißig Jahre alt war, ließ ich mir den langen Zopf abschneiden. Heimlich. Ich glaubte, mein Mann würde es mir nicht erlauben. Nun hatte ich Angst heimzukommen. Und das war wiederum der

Grundstein für mindestens sechs Angstfalten. Und so kamen im Laufe der Jahrzehnte viele Ereignisse und Schicksalsschläge und darum eine Falte nach der anderen dazu. Doch ich liebe jede einzelne meiner Falten. Sie sind ein Stück meiner Lebensgeschichte, meiner Erfahrungen, meines Wissens, meiner Reife und meines Vergnügens. Und sicherlich kommen noch einige hinzu. Sie sind herzlich willkommen.

Das Schicksal einer Laterne

Ich stand viele Jahre vor einem kleinen grauen Haus. Mein Fuß war dort fest in der Erde verankert, und zwar auf einem Bürgersteig einer kleinen Einkaufsstraße. Kleine Mietshäuser und viele Geschäfte standen am Rande des Bürgersteiges. Es gab einen Metzger, einen Drogeriemarkt, ein Schuhgeschäft, ein Modegeschäft und ein Bäcker. Mmh, hat das aus dem Bäckerladen geduftet. Ich habe den Geruch von frischem Brot noch heute in der Nase. Später kam noch ein neuer Laden dazu. Dort bekamen die Damen ihre Fingernägel lackiert. Ich fragte mich oft, wozu die Damen so etwas brauchten. Sind die Fingernägel doch von Natur aus schön genug.

Ich war eine der ersten Laternen mit elektrischem Licht. Ich sah wunderschön aus. Dunkelgrün war mein glatter Leib. Mein Kopf war ein Glaskasten, in dem jeden Abend eine große Leuchtbirne anging. Dann erstrahlte ich in vollem Glanz. Ich durfte leuchten und den nächtlichen Heimkehrern den Weg zeigen. Es kam dann auch schon mal vor, dass ich als Stütze dienen musste. So manch einer hatte im

Wirtshaus zu tief ins Glas geschaut und schwankte beim Laufen. So war ich dann ein willkommener Stützpunkt und wurde auch schon mal umarmt. Ich nahm es mit Humor.

Schön war es, wenn eine junge Frau unter meinem Licht ihre Lippen mit Lippenstift nachzog. Dann leuchtete ich besonders hell. Oder wenn jemand seinen Haustürschlüssel suchte. Oder wenn ein Liebespaar kam und sich küsste. Gar nicht schön war es, als eines Morgens ein Hund bei mir stoppte. Erst schnüffelte er an meinem Fuß. Dann hob er ein Bein. Und was soll ich sagen, er benutzte mich von da an als seinen persönlichen Stammbaum. Na ja, der Regen wusch es immer wieder sauber. Ich nahm es mit Humor.

Dann kam mein erster Winter. Es war bitterkalt und es schneite. Plötzlich trug ich eine weiße Mütze. Die wärmte mich nicht, aber sie stand mir ausgezeichnet. Mein Leib war eisig kalt. Kinder warfen mit Schneebällen und ich hatte Angst, dass mein Kopf getroffen wurde. Und dann geschah etwas Lustiges. Das Spiel hieß wohl: Wer traut sich, am Laternenpfahl zu lecken? Ein kleiner Junge war mutig und leckte an meinem Leib. Doch oh weh, er blieb mit seiner Zunge hängen. Die anderen Jungen lachten. Er klebte fest, und ich konnte nicht helfen. Ich nahm es mal wieder mit Humor. Es war ja nicht lebensgefährlich.

So zogen die Sommer und Winter durch das Land. Die Jahre vergingen und ich wurde alt. Wir alle wurden alt. Auch die Laterne links neben mir. Es war ein Laternenfräulein, die ich immer sehr verehrt habe. Ich erfuhr nun, dass wir auf einen Platz für alte Laternen kommen sollten. Neue und schönere Laternen würden bald unsere Plätze einnehmen und den Menschen leuchten. Wir Alten werden nicht mehr gebraucht. Zuerst war ich traurig darüber. Doch je länger ich nachdachte, fand ich es gar nicht so schlecht. Schließlich brauche auch ich mal etwas Ruhe. Ich bin sozusagen eine Seniorenlaterne, die nun in ihren Alterswohnsitz kommt. Es wird eine Wohngemeinschaft werden. Ich werde mit allen anderen alten Laternen zusammen sein. Und vielleicht bekomme ich einen Platz direkt neben meinem Laternenfräulein. Hoffentlich. Nun kann ich es kaum abwarten, bis ich dort bin. Bitte wünschen Sie mir Glück!

Ein Brief an den lieben Gott

Es war ein schöner warmer Spätsommertag. Florentine genoss die Sonnenstrahlen auf der Terrasse hinter ihrem Häuschen. Sie hatte es sich in einem Liegestuhl bequem gemacht. Mit einem Mal wurde sie nachdenklich. Florentine wurde bewusst, wie einsam sie war. Die Kinder waren längst aus dem Haus, und sie hatte kaum noch Kontakt zu anderen Menschen. Zu gerne würde sie mal wieder Donauwellen backen. Doch für wen? Ach, wenn sie doch nur einen Freund hätte. Einen lieben Partner, mit dem sie ihr Leben teilen konnte. Doch wo sollte sie einen Freund finden? Im Kaufhaus gab es keine Männer zu kaufen.

Da kam ihr eine Idee! Wie vom Affen gebissen, schoss sie in die Höhe und rannte in die Küche. Geschwind holte sich Papier und einen Stift. Dann begann sie, einen Brief zu schreiben:

Hallo Lieber Gott, ich bin es die Florentine. Bitte sei so nett und helfe mir. Ich wünsche mir einen Freund an meiner Seite. Einen lieben, ehrlichen Mann, für den ich Kuchen backen kann. Der Herbst steht vor der Tür und die Abende werden länger. Ich bin auch nicht mehr die Jüngste, aber noch ganz ansehnlich. Aber ich bin einsam. Bitte lieber Gott, lass mich einen Mann kennenlernen, sonst gehe ich ein wie eine Primel.

Mit ganz viel Hoffnung schicke ich Dir liebe Grüße.

Mh, wohin sollte sie den Brief schicken? Sie hatte keine Adresse. Plötzlich kam Wind auf. Eine kräftige Böe hob den Brief vom Tisch. Das Blatt flatterte im Wind, direkt über ihrem Kopf. Dann flog es fort. Oje, hoffentlich gerät der Brief nicht in die falschen Hände. Der Brief flog und flog, über die Dächer und Bäume. Direkt zu Herrn Zimmermann.

Der saß gerade am Küchentisch und war sehr unglücklich. Auch er war alleine und sehnte sich nach einer Frau. Doch er war sehr schüchtern und würde sich niemals trauen, eine Frau anzusprechen. Er hatte sich bereits damit abgefunden. Plötzlich flatterte der Brief zum Küchenfenster herein. Wie von Geisterhand gelenkt, landete er auf dem Tisch. Herr Zimmermann las die Zeilen. Er staunte und wunderte sich. Doch es stand kein Absender darauf. Schade! So steckte er den Brief in die Hosentasche und ging hinaus. Er wollte einen Spaziergang im Stadtpark machen. Dort kaufte er sich ein Eis. Tief in Gedanken versunken, lief er durch den Park.

Zur gleichen Zeit war Florentine in den Stadtpark gegangen. Auch sie kaufte sich ein Eis. In Gedanken versunken und an dem Eis schleckend lief sie durch den Park. Herr Zimmermann und Florentine steuerten aufeinander zu. Sie kamen sich immer näher und näher. Dann rumste es. Sie waren zusammengestoßen. Erdbeereis und Schokoladeeis klatschen am Bauch zusammen. Herr Zimmermann entschuldigte sich und zog ein Taschentuch aus der Hosentasche. Dabei fiel der Brief heraus. Florentine bekam große Augen.

Sie nahmen auf einer Bank Platz. Florentine gestand, dass sie den Brief geschrieben hatte. Lange saßen die beiden auf der Bank, denn sie hatten sich viel zu erzählen. Und als sie aufstanden, um gemeinsam fort zu gehen, hatten sie grüne Streifen auf ihren Hinterteilen. Sie hatten das Schild „Frisch gestrichen“ in der Aufregung nicht gesehen.

Die Sache mit den Kosenamen

Seit fünfzig Jahren waren sie glücklich verheiratet. Eugen und Brunhilde hatten zwei Kinder groß gezogen. Sie wohnten in einem kleinen Haus mit einem kleinen Garten. Nun, wo die Kinder aus dem Haus waren, hatten sie alles für sich alleine. Das genossen sie.

Eugen und Brunhilde sprachen sich, seit eh und je, mit Kosenamen an. Als sie sich kennengelernt hatten, nannte Eugen seine Frau „Vöglein“ oder „Rehbein“. Brunhilde sagte zu Eugen liebevoll „Frosch“ oder „Clown“, weil er immer so lustig war.

Als die Kinder noch klein waren, sprachen sie sich mit „Mami“ oder „Papi“ an. Und wenn es mal nicht so harmonisch verlief und sie mal in Streit gerieten, dann kamen die größeren Tiere ins Spiel. Dummer Ochse, Trampeltier, Kamel und Rhinozeros, blöde Gans und Ziege, aber das war nicht von Dauer. Der Streit war immer schnell vergessen. Jetzt, wo die Kinder aus dem Haus waren, hatten sie neue Kosenamen. Eugen hieß jetzt „Schnitzel“, weil er so gerne

Schnitzel aß. Jägerschnitzel, Wiener Schnitzel, Zigeunerschnitzel, eben alle Schnitzel. Brunhilde hieß nun „Goldstück“, weil sie so lieb war und die vielen Schnitzel briet. Und so kam es, dass sie über all die Jahre ihre richtigen Namen fast vergessen hatte.

Es war im Frühling, als die beiden beschlossen, sich ein neues Sofa zu kaufen. Sie fuhren ins Möbelhaus. Eugen und Brunhilde probierten jedes Sofa aus. Das eine war zu hart, das andere zu niedrig oder zu kurz. Dann endlich sahen sie ein schönes braunes Sofa. Es gefiel den beiden. Eugen nahm darauf Platz, nickte und wippte. Dann schloss er die Augen und schlief ein. Brunhilde schmunzelte, ließ ihn dort sitzen und ging weiter. Sie wollte sich noch nach einem neuen Wohnzimmertisch umsehen.

Wenig später wurde Eugen von einem Verkäufer geweckt. Eugen hatte laut geschnarcht. Nun reckte und streckte er sich. „Wo ist meine Frau“, fragte er. Brunhilde war weit und breit nicht zu sehen. Das war Eugen nicht geheuer. Er ging zur Informationstheke.

„Ich habe meine Frau verloren. Würden Sie sie bitte ausrufen?“, fragte er.

„Wie heißt denn Ihre Frau?“, fragte die Dame an der Information.

„Mh, ja, wie, äh ... Goldstück“, meinte Eugen.

„Und wie heißen Sie?“, fragte die Dame.

„Äh, Schnitzel“, antwortete Eugen.

Die Dame an der Information konnte sich das Schmunzeln nicht verkneifen. Eine Sekunde später erschall die Durchsage: „Schnitzel sucht Goldstück. Ich wiederhole. Schnitzel sucht Goldstück.“ Viele Leute kamen herbeigeeilt. Jeder wollte wissen, wer Schnitzel und wer Goldstück war. Eugen war das peinlich, ihm brach der Schweiß aus. Er war froh, als Brunhilde kam.

Später zu Hause beschlossen sie, dass sie sich ab sofort wenigstens dreimal am Tag mit den richtigen Namen ansprechen wollten. Das sollte nicht noch einmal passieren.

Die unglückliche Lotte

Wenn einem täglich nichts Gutes widerfährt und ein Missgeschick nach dem anderen passiert, dann nennt man das Pech. Und so ein Pechvogel war Lotte. Kein Tag verging, ohne dass ein Unglück geschah. Die Leute machten sogar schon einen großen Bogen, wenn ihnen Lotte begegnete. Darum war Lotte sehr unglücklich und einsam.

Neulich erst war sie mit dem Fahrrad unterwegs und hatte eingekauft. Da blieb sie mit dem Hosenbein in der Fahrradkette hängen. Es kam, wie es kommen musste, Lotte fiel mit dem Rad um. Obst, Marmelade, Brot und Milch rollten auf die Straße. Ein Auto bremste scharf und landete im Graben. Und als ob das nicht schon genug wäre, rutschte ein Mann, der ihr helfen wollte, auf einer Banane aus. Er brach sich ein Bein.

An einem anderen Tag ging Lotte in den Supermarkt. Sie wollte dem Pech die Zähne zeigen und schob mutig den Einkaufswagen durch die Gänge. Bis dahin war alles gut gegangen. Nur noch die Butter, und sie konnte nach Hause. Doch ein aufgestapelter

Berg Kartoffelpüree wurde ihr zum Verhängnis. Lotte blieb an einer Packung hängen und sogleich stürzte der ganze Stapel ein. Aber damit nicht genug! Unter dem Stapel lag ein Mann. Es guckte nur noch der Kopf heraus und der rief: „Hilfe!“ Lotte würde dieses Gesicht und die Stimme niemals vergessen. Der Mann tat ihr so leid. Sie entschuldigte sich mehrmals. Dann lief sie einfach fort. Lotte war sehr, sehr unglücklich.

Kurz vor Weihnachten ging Lotte ins Kaufhaus. Überall standen riesige geschmückte Weihnachtsbäume. Es funkelte und glitzerte. Lotte blieb stehen, um einen der Bäume zu bewundern. Herrliche goldene Kugeln schmückten die große Tanne. Da wurde sie geschubst. Der Stoß war so heftig, dass Lotte das Gleichgewicht verlor. Sie versuchte, sich am Baum festzuhalten. Der Tannenbaum wackelte, Lotte wankte, fiel hin und der Baum auf sie drauf. Viele Leute eilten herbei. Schaulustig waren sie, und sie diskutierten, wie es zu dem Sturz gekommen sein könnte. Lotte hörte so etwas wie: „Sie hat an den Kugeln gefummelt. Sie wollte Lametta klauen.“ Der Baum war schwer und piekste. Lotte wollte nur noch weg.

Da hörte sie plötzlich eine energische Stimme sagen: „Vielleicht fasst einer mal mit an, statt dumme Geschichten zu erzählen. Die Dame ist gestoßen worden. Ich habe das genau gesehen.“ Lotte atmete auf.

Die Stimme hatte sie schon einmal gehört. Ach ja, die gehörte zu dem Kopf, der aus dem Kartoffelpüree herausgeguckt hatte.

Als der große Baum endlich von Lotte genommen wurde, konnte sie den Kartoffelpüreemann auch sehen. Er half ihr auf, und Lotte bedankte sich. Lotte lud ihn auf eine Tasse Kaffee ein. Und während sie im Café saßen, durchströmte sie ein Glücksgefühl. Das war der Mann ihrer Träume. Und als der auch noch ein Stückchen Lametta aus ihrem Haar zog und sagte: „Ich glaube, Sie brauchen einen Beschützer. Darf ich das sein?“, da war es um Lotte geschehen. Sie fühlte sich geliebt und geborgen. Und was das Beste war, nie wieder würde ihr ein Unglück geschehen. Und genauso war es.

Der anhängliche Weihnachtsbraten

Feierabend. Herr Waldhuber radelte nach Hause. Da sah er plötzlich am Straßenrand etwas Weißes sitzen. Er stieg vom Fahrrad und sah nach. Es war eine junge Hausgans. Nanu, hier hatte doch niemand Gänse. Er steckte die Gans unter seine Jacke und radelte heim. Das wird ein feiner Weihnachtsbraten.

Es war Sommer, also noch viel Zeit, um die Gans dick und fett zu füttern. Herr Waldhuber baute ihr im Garten einen Verschlag aus Brettern und Dachpappe. Doch was gab man einer Gans zu fressen? Er probierte es mit Kartoffeln, Brot und Napfkuchen. Doch die Gans wollte nicht fressen. Bestimmt hat sie Heimweh, dachte er. Dann nahm er die Gans mit in die Küche. Dort suchte sie sich einen Platz unter dem Tisch.

Herr Waldhuber versuchte sie aufzumuntern. Er sang ein Lied, er las ihr vor. Er stellte das Radio an und gab ihr Haferflocken. Und siehe da, sie fraß die Haferflocken. Dann watschelte sie in der Küche umher. Herr Waldhuber saß am Küchentisch und leistete ihr Gesellschaft. In Gedanken male er sich ein herrliches Weihnachtsessen aus. Gänsebraten mit Rotkohl und Kartoffelknödeln. Die Gans müsste nur recht fett werden.

Von Tag zu Tag wurde die Weihnachtsgans anhänglicher. Sie watschelte Herrn Waldhuber immer hinterher. Ging er zur Toilette, wackelte sie hinterher. Ging er hinaus in den Garten, kam die Gans mit. Ließ er Wasser in einen Eimer, so badete sie darin. Ging er zum Bäcker, ging auch die Gans zum Bäcker. Und saß er am Abend auf dem Sofa, um Fernsehen zu gucken, dann saß die Gans bei ihm, natürlich auch auf dem Sofa.

So vergingen die Wochen, und inzwischen war es Winter geworden. Die Gans war schon recht dick. Sie fraß nun alles, was Herr Waldhuber ihr gab. Oh, mein lieber Weihnachtsbraten, du wirst gut schmecken.

Dann war die Zeit gekommen. Die liebe Weihnachtsgans musste nun eigentlich … na, sagen wir, vorbereitet werden, damit sie in den Ofen passt. Doch Herr Waldhuber schob es noch einen Tag auf. Er gab ihr noch mal Haferflocken, Kartoffeln und Napfkuchen. Er überlegte. Eigentlich schmecken die Kartoffeln auch nur mit Rotkohl. Ohne Gänsebraten.

Am nächsten Tag guckte ihn die Gans traurig an. So meinte er jedenfalls. Herr Waldhuber gab ihr wieder Haferflocken und frisches Wasser. Er schaute auf den Backofen, dann auf seine Gans. „Ich kann es nicht. Ich kann sie niemals essen“, sagte er.

Am ersten Weihnachtstag gab es bei Herrn Waldhuber Kartoffeln und Rotkohl. Und Herr Waldhuber fand, dass es ein gutes Essen war. Er brauchte keine fette Gans essen und schon gar nicht seine liebe anhängliche Weihnachtsgans. Er gab der Gans von seinen Kartoffeln ab. Die beiden feierten ein schönes Weihnachtsfest. Es war nicht das letzte, denn Gänse werden ganz schön alt.

Lieber Weihnachtsmann,

ich wünsche mir zu Weihnachten einen Opa. Ich habe nämlich keinen Opa. Aber ich brauche ganz dringend einen. Er könnte mit mir zum Fußballplatz gehen und mir abends am Bett Geschichten erzählen. Ich brauche einen Opa, weil bald in der Schule ein Opa-Kindertag-Fest ist. Und ich brauche den Opa, weil Opas so gemütlich sind. Man kann sich gut ankuscheln. Er sollte graue Haare haben, einen schönen runden Bauch, einen Bart und eine Brille tragen. Und er sollte viel Zeit haben. Mein Papa hat nie Zeit. Opas gehen nicht mehr zur Arbeit und sie haben trotzdem Geld für Eis. Mein Papa will immer sparen.

Lieber Weihnachtsmann, du kannst dafür ja meine Schwester haben. Die nervt mich, weil sie immer alles besser weiß. Sie macht oft meine Sachen kaputt und zankt sich mit mir. In meiner Schule gibt es viele, die keine Schwester haben. Und wenn dein Geschenkpaper nicht reicht, wir haben noch ganz viel davon. Sag nur Bescheid, dann lege ich Dir welches auf die Fensterbank.

Lieber Weihnachtsmann, wir tauschen also ganz einfach. Ich gebe meine Schwester und du gibst mir einen Opa dafür. Ein Opa ist besser als eine blöde Schwester. Das wird auch bestimmt meiner Mutter gefallen. Sie sagt immer: „Das Kind raubt mir den letzten Nerv." Also tun wir noch was Gutes.

Ein Opa ist um vieles besser. Er zankt nicht, er nervt nicht, und Opas essen auch nicht mehr so viel. Meine Schwester dagegen isst wie ein Scheunendrescher. Also wird Papa noch mehr sparen können. Er wird sich freuen. Ein Opa stellt auch bestimmt nicht ständig das Fernsehprogramm um. So wie meine Schwester. Immer will sie was anderes gucken als ich. Ein Opa haut mich auch nicht, denn Opas tun so was nicht. Opas sind einfach viel netter.

Ich hoffe, dass alle diese Gründe ausreichen, mir einen Opa zu schenken.

Lieber Weihnachtsmann, ich hoffe sehr, dass alles klappt. Ich stelle Dir noch Kekse und Milch auf die Fensterbank, damit Du genug Kraft für den Opa hast. Opas sind ja ganz schön schwer. Dafür ist meine Schwester dann leichter.

Viele Grüße
Dein Jonathan

Johanna und der Weihnachtsmann

Es war zu einer Zeit, als die Röcke von den Frauen noch lang getragen wurden. Anstand und gutes Benehmen wurden großgeschrieben, sechs Tage in der Woche hart gearbeitet, und am Sonntag ging man in die Kirche. In dieser Zeit lebte Johanna. Sie war Lehrerin und wohnte bei einer Freundin zur Untermiete.

In ein paar Tagen war Weihnachten. Johanna zog sich warm an und vergrub die Hände in einem Muff. Sie bummelte die Straße entlang. Alles war festlich geschmückt. Auf dem Marktplatz gab es einen großen geschmückten Weihnachtsbaum. Stände und Buden boten allerlei schöne Dinge zum Kaufen an. Weihnachtsmusik erklang. Und es fing an zu schneien. Erst fielen kleine Flöckchen. Doch bald schon war alles mit einer weißen Decke zugedeckt.

Am nächsten Tag gab es ein Weihnachtsfest in der Schule. Johanna freute sich und hatte ihr bestes Kleid angezogen. Die Kinder warteten aufgeregt auf den Weihnachtsmann. Und dann kam er, mit ihm der Knecht Ruprecht. Der Weihnachtsmann nahm sein goldenes Buch zur Hand. Dann sah er Johanna an. Sein Blick fuhr wie ein Blitz durch Johanna. Sie hatte diese Augen schon mal gesehen. Sie waren Johanna vertraut. Schade, dass sie nicht mehr sah. Der Bart und die rote Mütze verdeckten das Gesicht.

Am Nachmittag gab es eine Weihnachtsfeier für alle aus der Gemeinde im Wirtshaus. Johanna ging mit ihrer Freundin hin. Es hatte kräftig geschneit. Die Menschen plagten sich, die Gehwege freizufegen. Die knatternden Automobile gerieten ins Rutschen. Durchgefroren kamen sie im Wirtshaus an. Es gab heißen Kaffee und Plätzchen.

Und dann kam der Weihnachtsmann. Ho, ho, ho! Da waren sie wieder, die Augen, die Johanna bekannt vorkamen. Doch sie wusste nicht, wem sie gehörten. Sie konnte sich nicht erinnern. Und wieder sah der Weihnachtsmann sie lange an und lächelte. Johanna war wie verzaubert. Sie war verliebt in einen Weihnachtsmann.

Es war schon dunkel, als sie den Heimweg antraten. Der Gehweg war rutschig. Johanna geriet ins Wanken, die Beine machten sich selbstständig, und sie fiel auf den Allerwertesten. Autsch! Es war kalt und glatt. Johanna schaffte es nicht aufzustehen. Da näherte sich eine Gestalt. Im Schneegestöber erkannte Johanna, dass es der Weihnachtsmann war. Ihr Herz klopfte wie wild. Dann hoben zwei starke Arme sie hoch.

Johanna wurde zu einem Automobil getragen und hineingesetzt. Sie hatte noch nie in einem solchen Gefährt gesessen. Der Weihnachtsmann sagte, dass er Arzt sei und brachte sie nach Hause. Dort kniete der Weihnachtsmann vor Johanna nieder und fragte, ob sie seine Frau werden wollte. Er nahm die Mütze und den Bart ab. Jetzt erkannte Johanna ihren alten Jugendfreund wieder. Ihre erste große Liebe. Johanna wollte gerne seine Frau werden, und sie hauchte ihm ein zärtliches „Ja" entgegen. Dann fielen sie sich in die Arme.

Die Freundin hatte Likör eingeschenkt. Sie hob ihr Glas und rief: „Auf eure Zukunft, Herr und Frau Weihnachtsmann!"

Das Wunder in der Glockengasse

Vor vielen, vielen Jahren gab es in der Glockengasse ein Spielzeuggeschäft. Dort gab es das schönste Spielzeug auf der ganzen Welt. Puppen mit echten Haaren, Puppenstuben, Puppenwagen und Kaufläden zum Spielen. Bausteine, Spielzeugautos, Segelschiffe und Dampfmaschinen, Kreisel und bunte Bälle, Springseile und Rollschuhe. Der Spielzeugladen gehörte Frau Holzapfel. Und zur Weihnachtszeit schmückte Frau Holzapfel ihren Laden immer ganz festlich. Alle Kinder drückten sich an der Schaufensterscheibe die Nasen platt.

Es geschah vor ebenso vielen Jahren, dass niemand mehr kommen wollte, um Spielzeug zu kaufen. Alle gingen in die großen Kaufhäuser. Dort war es billiger. Frau Holzapfel war sehr traurig darüber. Es müsste etwas geben, das alle Leute anlockt. Sie dachte nach, doch wollte ihr nichts einfallen. Die Tage vergingen. Nichts geschah. Nur noch fünf Tage bis Weihnachten und sie hatte noch nichts verkauft. Dann schneite es. Da kam Frau Holzapfel eine Idee.

Sie ging schon ganz früh am Morgen hinaus. Alle Menschen schliefen noch, als Frau Holzapfel begann, einen Schneemann zu bauen. Es sollte ein ganz besonderer Schneemann werden. Ein ganz großer Schneemann, an dem keiner so einfach vorbeigehen konnte. Frau Holzapfel schaufelte sich ordentlich Schnee heran. Dann rollte sie eine große Kugel. Aber damit war Frau Holzapfel noch nicht zufrieden. Der Bauch müsste noch größer sein. Sie holte sich einen Stuhl und begann, immer mehr Schnee an den Bauch zu packen. Die Kugel wurde immer dicker und höher. Dann holte sie sich eine Leiter und begann, den Kopf zu bauen. Auch der musste schön groß werden. Frau Holzapfel baute den Schneemann so hoch wie die Eingangstür zum Spielzeugladen war. Auf den Kopf setzte sie einen Eimer, für die Augen nahm sie Eierkohle und für die Nase eine große Zuckerrübe. Fertig! Da stand er nun, groß und mächtig. Er war nicht zu übersehen.

Und siehe da, alle Menschen blieben stehen. Sie bewunderten den Schneemann und sie staunten über die Größe. So einen riesigen Schneemann hatte es noch nie in der Stadt gegeben. Und es kamen immer mehr Leute. Es sprach sich schnell herum, jeder wollte den Schneemann sehen. Es wurde voll in der Glockengasse. Und weil die Menschen nun schon einmal da waren, kauften sie auch gleich im Spielzeugladen ein. Jeden Tag kamen neue Leute und alle kauften bei Frau Holzapfel ihre Weihnachtsgeschenke. Und am Heiligen Abend war der Spielzeugladen leer. Alles war restlos ausverkauft.

Frau Holzapfel war glücklich. Viele Kinder würden sich über das schöne Spielzeug freuen. Alles war wie ein großes Wunder gewesen. Sie schloss den Laden ab und ging nach Hause. Für sie war dies das schönste Weihnachtsfest seit Jahren. Dankbar feierte sie Weihnachten.

Der lustige Heinrich

Heinrich war ein lustiger Geselle. Er war stets fröhlich und immer für ein Späßchen zu haben. Oft dachte sich Heinrich ganz besondere Späße aus, damit sein Alltag nicht langweilig wurde. Einmal ging er den ganzen Tag rückwärts statt vorwärts. Seine Frau Emma schüttelte nur mit dem Kopf. Sie sagte zu Heinrich: „Verrückter geht es wohl nicht." Doch Heinrich ließ sich nicht beirren. Er lief weiter rückwärts. Und gerade als er vom Schlafzimmer ins Wohnzimmer gelaufen war, schepperte es. Er war gegen die Bodenvase gestoßen. Und die fiel mit einem ordentlichen Knall um. Nun schimpfte seine Frau. Zornig rief sie: „Es reicht Heinrich. Wenn du unbedingt rückwärts laufen willst, gehe spazieren."

Heinrich zog sich die Schuhe an, eine warme Strickjacke und setzte den Hut auf. Dann verließ er das Haus. Er hatte ein verschmitztes Schmunzeln auf den Lippen. Seine Augen blitzten schelmisch. Er hatte sich schon wieder einen neuen Spaß ausgedacht.

Da grüßte ihn ein Nachbar: „Guten Tag Heinrich."

Heinrich antwortete: „Gute Besserung." Na, da

guckte der Nachbar ziemlich verdutzt. Schließlich war er gar nicht krank. Heinrich kaufte sich eine Bratwurst im Brötchen. Der Verkäufer wünschte ihm einen guten Appetit. Heinrich sagte freundlich: „Eine schöne Reise." Und als gerade jemand heftig niesen musste, rief er: „Herzlich willkommen." Verblüfft schauten ihn die Leute an. Heinrich aber lachte und hatte seinen Spaß.

Da stieß er beim Laufen aus Versehen eine Dame an. Und statt sich zu entschuldigen, meinte er zu der Dame: „Frohe Weihnachten." Auf der anderen Straßenseite lief ein Nachbar. Er winkte Heinrich zum Gruße zu und rief: „Schönes Wetter heute."

Heinrich rief zurück: „Glück auf." Kopfschüttelnd ging der Nachbar weiter. Als nächstes begegnete Heinrich einer Nachbarin. Die blieb stehen und sagte: „Heinrich, wie geht es dir?"

„Herzlichen Glückwunsch", meinte Heinrich.

„Wie meinen?", fragte die Nachbarin verwundert.

„Alle Vögel sind schon da", sagte Heinrich. Und dann konnte er nicht mehr. Er musste lachen. Er lachte und lachte über sich selber. Er lachte laut und herzlich. Er bog sich vor Lachen, und die Tränen rannen ihm über die Wangen. Er hatte so viel Spaß gehabt. Alle Leute blieben stehen und schauten Heinrich überrascht an. Da fand er, dass es genug war für heute. Wenn es am schönsten ist, sollte man aufhören. Man muss schließlich wissen, wann Schluss ist.

Wenn es still wird im Wald

Wenn der Tag sich dem Ende neigt, wenn es dunkel wird und die Menschen schlafen gehen, dann wird es auch im Wald still. Ein jedes Tier sucht dann seinen Schlafplatz auf. Und plötzlich ist es still im Wald. Kein Vogel zwitschert mehr. Kein Hase hoppelt umher. Keine Biene fliegt summend durch den Wald. Kein Reh steht auf der Lichtung und kein Specht hämmert am Baumstamm. Alle Blumen schließen ihre Blüten, bis der neue Tag erwacht.

Tief im Wald steht eine alte Eiche. Sie bekommt jeden Abend viele Gäste. Das macht die Eiche sehr glücklich, und sie breitet ihre Äste dafür einladend aus. Müde vom Fliegen kommen als erstes die Meisen heim. Einige haben ihre Nester im Wipfel der Eiche. Andere lassen sich auf den Ästen nieder. Bevor sie schlafen, erzählen sie sich noch ganz leise einige Geschichten.

Dann kommt Frau Nachtigall nach Hause. Sie macht es sich an einer besonders dichten Stelle bequem. Eben noch hatte sie ihr Abendlied erklingen lassen. Ihr schöner Gesang lässt die anderen Tiere wissen, dass es Zeit zum Schlafen gehen ist. Nun aber kuschelt sich Frau Nachtigall ein, steckt den Kopf ins Gefieder und schläft.

Dann kommt der Specht. Auch er ist Stammgast der Eiche. Im dicken Stamm bewohnt er eine kleine Höhle. Im Sommer hatte er dort seine Jungen großgezogen. Die waren aber längst ausgezogen. Nun war es seine Schlafkammer.

Weiter oben gibt es noch eine Höhle. Und gerade eben kommt auch dieser Bewohner herbeigeeilt, ein kleiner flinker brauner Geselle mit einem buschigen Schwanz. Wer das ist? Ein Eichhörnchen. Und es hat noch eine Nuss zum Knabbern dabei. Eilig will es in die Höhle. Doch schwupps, da fällt ihm die Nuss herunter. Die Nuss purzelt zu Boden, wo gerade die Maus ankommt. Die Maus freut sich über den Leckerbissen, schnappt sich die Nuss und verschwindet zwischen den Wurzeln der Eiche. Ja, auch eine Maus muss schlafen.

Dann kommen die Spatzen angeflogen. Jeden Abend streiten sie sich laut piepsend um die besten Plätze. Dann wird jedes Mal der Specht wach und muss für Ruhe sorgen.

Auf den Blättern der Eiche rollen sich einige Raupen zum Schlafen zusammen. Auch die Marienkäfer schließen ihre Augen. Die Schmetterlinge klappen ihre Flügel zusammen und schlafen. Dann kommt die Kühle der Nacht. Es ist ruhig im Wald. Alle schlafen. Kein Mucks ist zu hören. Nur ein leichter Wind bläst durch die Äste der Eiche.

Jetzt erwacht die Eule. Sie hat den ganzen Tag geschlafen. Sie dreht den Kopf hin und her und schaut auf die schlafenden Gäste. Alle ruhen friedlich. „Schlaft gut, liebe Freunde. Ich muss jetzt los. In der Nacht werde ich munter“, sagt sie. Dann fliegt die Eule lautlos davon, in die dunkle Nacht hinaus, um auf den Feldern zu jagen.

Aber bitte mit Sahne

Die Frühlingssonne schien warm und lockte hinaus auf die Straße. In den Vorgärten blühten die Tulpen in allen Farben. Hyazinthen verströmten ihren süßen Duft. In bunter Frühjahrskleidung zog es die Menschen hinaus in die warme, süß duftende Luft. Auch Heribert hielt es nicht länger in seinen vier Wänden aus. Er nahm seinen Spazierstock und wanderte die Straße entlang. Er grüßte hier und dort jemanden. Er grüßte zur linken und zur rechten Seite. Dabei lüftete er jedes Mal seinen hellen Frühjahrshut.

Plötzlich bekam Heribert Appetit auf Kaffee, Sahne und Kuchen. Er steuerte ein nettes gemütliches Café an. An einem kleinen runden Tisch nahm er Platz. Die Bedienung ließ nicht lange auf sich warten. Eine freundlich lächelnde Dame mit einem weißen Spitzenschürzchen fragte: „Was darf ich dem Herrn bringen?“

„Mh, mh“, machte Heribert. Er dachte nach. Dann fragte er: „Haben Sie Sahne?“

„Natürlich haben wir Sahne, der Herr.“

„Also, dann nehme ich schon mal einen Kaffee. Aber bitte mit Sahne“, sagte Heribert.

„Gerne mein Herr. Darf es auch Kuchen dazu sein?“, fragte die Bedienung freundlich.

Heribert kratzte sich am Kinn und meinte: „Was haben Sie an Kuchen da?“

„Wir haben frische Zitronenrolle.“

„Wonach schmeckt die“, fragte Heribert.

„Nach Zitrone“, sagte die Bedienung.

„Was haben Sie noch da?“

„Wir haben noch Schwarzwälder Kirschtorte“, sagte die Bedienung.

„Wonach schmeckt die?“

„Nach Kirschen und Sahne“, kam die Antwort.

„Wir haben auch noch Apfelkuchen“, meinte die Bedienung.

„Wonach schmeckt der?“, wollte Heribert wissen.

„Nach Äpfeln“, sagte die Bedienung geduldig.

„Was haben Sie noch da?“

„Wir haben noch Erdbeerkuchen, der nach Erdbeeren schmeckt. Rhabarberkuchen, der nach Rhabarber schmeckt und ...“

„Schon gut, schon gut. Ich nehme Apfelkuchen. Aber bitte mit Sahne. Sozusagen einen doppelten Schlag Sahne. Sie müssen wissen, ich liebe Sahne. Samstags bade ich sogar in Sahne. Und überhaupt, so ein Besuch im Café muss sich ja auch lohnen.

Lächelnd, nein eher grinsend, lief die Bedienung los, um das Gewünschte zu holen.

Na dann, guten Appetit Heribert!

Das Wiesenkonzert

Es war ein herrlicher Sommertag im August. Ein langer Spaziergang lag hinter mir. Nun war ich etwas müde. Eine grüne Wiese lag vor mir im Sonnenschein. Mit ihren kleinen bunten Wiesenblumen lud sie mich zum Verweilen ein. Ich legte mich auf die Wiese und schloss die Augen. Wie ruhig es doch war. Die warmen Sonnenstrahlen taten so gut. Die Wiese verströmte einen angenehmen Geruch. Es roch frisch nach Gras und Wiesenblumen. Und es war wohltuend still.

Aber halt, was war denn das? Es war gar nicht so still. Merkwürdige Geräusche drangen in mein Ohr. Es brummte und summte. Es zirpte und piepste. Es surrte und schnurrte. Es trommelte und zwitscherte. Es klang und sang in den schönsten Tönen. Alle Bewohner auf und über der Wiese sangen mir ein Lied.

Die Regenwürmer trommelten. Die Grillen zirpten. Die Heuschrecken ziepten. Die Käfer brummten. Die Bienen surrten. Die Fliegen schnurrten. Die Meisen zwitscherten. Die dicke Hummel brummte. In der Ferne war ein Frosch zu hören, der quakte laut. Auch er wollte gehört werden. Eine Bachstelze piepte leise und zart.

Es war mir, als spielten sie alle ein Konzert für mich. Sie waren das Orchester. Die Geigen klangen sehr eindrucksvoll. Die Trommeln wurden geschlagen. Die Harfen klangen süß. Die Flöten spielten eine hübsche Melodie. Die Trompeten waren auf der ganzen Wiese zu hören. Es jubilierte und musizierte, es frohlockte und jauchzte, es tönte und schallte. Es war ein Wiesenkonzert nur für mich alleine. Und ich genoss es.

Als ich gehen musste, bedankte ich mich bei allen Wiesenbewohnern. Ich klatschte und sagte: „Morgen komme ich wieder. Das verspreche ich euch!“

Ordnung muss sein

Am Rande der Stadt stand ein kleines Haus. In dem Haus wohnte Herr Kückelmann. Er wohnte ganz alleine dort, er hatte weder Frau noch Kinder. Herr Kückelmann war sehr ordentlich. Alles im Haus stand auf seinem gewohnten Platz. Es gab kein Durcheinander. Alles war fein aufgeräumt. Und wenn doch einmal etwas schief stand, so rückte Herr Kückelmann es sofort gerade. Die Gardinenfalten hingen gleichmäßig. Die Handtücher lagen ganz genau aufeinander und waren nach Farben sortiert. Die Oberhemden waren stets frisch gebügelt und hingen ordentlich im Schrank. Ja, es gab wohl niemanden, der ordnungsliebender war als Herr Kückelmann. Deshalb hatte er wohl auch keine Frau abbekommen.

Doch manchmal übertrieb Herr Kückelmann es auch mit der Ordnung. So war es auch an einem Mittwoch. Es war Mittagszeit, und Herr Kückelmann kochte sich Spaghetti mit Tomatensoße. Als die Spaghetti weich genug waren, stellte Herr Kückelmann mit Entsetzen fest, dass sie nicht alle gleich lang waren. Oh, das ging ja gar nicht. Herr Kückelmann würde nicht in Ruhe essen können. Die Länge musste stimmen. Alle Spaghetti mussten gleich lang sein.

So legte er alle Spaghetti nebeneinander auf den Küchentisch. Dann nahm er eine Schere und begann, die Spaghetti gleich lang zu schneiden. Schnipp, schnapp, Nudel ab. Noch ein Stückchen und noch ein Stückchen. So, jetzt waren alle Spaghetti gleich lang. Nun konnte er essen.

Die Spaghetti waren inzwischen kalt. Doch das störte ihn nicht. Die Hauptsache war, sie hatten alle dieselbe Länge. Ab auf den Teller und die Tomatensoße darüber. Nun konnte Herr Kückelmann essen. Er sprach ein Gebet und ließ es sich schmecken. Na ja, man kann es ja auch übertreiben. Oder?

Verlagsinformation

Wir bieten neben bekannten und prominenten Autoren auch für noch unbekannte Erst-Autoren die ideale Plattform für Buchveröffentlichungen. Thematisch setzt sich der Verlag kaum Grenzen. Es werden sowohl von bekannten als auch unbekannten Autoren Bücher verschiedenster Themen veröffentlicht. Damit trägt der Verlag zu einer Bereicherung auf dem Literaturmarkt bei, kann so ein breites lesebegeistertes Publikum ansprechen und gibt damit den Autoren eine optimale und wirtschaftliche Lösung zur Veröffentlichung ihrer Buchmanuskripte. Ein Vorteil für die Buchautoren besteht unter anderem darin, dass Bücher, je nach Auflagenhöhe, im Verfahren „Book on Demand“ (Digitaldruck) oder – bei höheren Auflagen – im Offsetdruck hergestellt und veröffentlicht werden können.

Joy Edition
BUCHVERLAG and more

Joy Edition · H. Harfensteller
Gottlob-Armbrust-Str. 7 · D-71296 Heimsheim
Telefon 07033 306263 · Hotline 0170 7822185
info@joyedition.de · www.joyedition.de